知的生きかた文庫

太るクセをやめる本

本島彩帆里

JN108854

三笠書房

はじめに

あなたらしくヤセる！キレイになれる本

初めまして！　ダイエット美容家の本島《もとじま》彩帆里《さおり》です。

私はいまでこそ、美容についてインスタグラムなどで情報を発信していますが、**以前は何度もダイエットに失敗してリバウンドしては、自分のことが大嫌いになっていく、ひとりの「万年ダイエッター」でした。**

「太るクセ」に気づく前の私

「太るクセ」をやめて20kg減！

ダイエットに成功した私

「たくさん食べているのにヤセている」なぜ？

太っていることをコンプレックスに感じ始めたのは、思春期のころ。制服のスカートから見える太い脚がイヤで、だぼっとしたスタイルやロングスカートを選んで、隠すことばかりを考えていました。

人と比べては、自分のダメなところを見つけていたと思います。

当時、流行の極端な「○○ダイエット」に挑戦しては失敗の連続。自分の体質や、根性のない性格が悪いのだと嘆いてばかりでした。

たくさん食べるのにヤセている、かわいい子がいつもうらやましくて**「生まれ変わりたい」とよく言っていたのを覚えています。**

いるだけで華があるような子に憧れていたのに、自分に自信がないから自虐的なお笑いキャラになっていました。

「ストレス→暴食」どうすれば止まる？

エステサロンに就職してからは、ヤセるメカニズムを学ぶようになりましたが、ハードワークなのを理由に食生活は荒れていて、**エステサロンの店長なのに太ったりヤセたりをくり返していました。**

たくさんのサプリを飲んだり、仕事の後に岩盤浴やヨガ、高額なエステに通うなど、お金はほとんど美容に使っていました。

体質は少しずつ改善されたものの、肝心のダイエットは成功せず。原因は、**「ストレス→暴食」**のくり返しでした。

夫と出会い、結婚したときも**「こんな太っている姿でウエディングドレスを着たくない！」と結婚式を断固拒否（笑）**。

ドレス姿の記念写真すら残さなかったのは少し後悔していますが、当時は「こんな自分の姿なんて人に見せられない」と思っていたんです。

その少し前、ハードな生活から体を壊して仕事をやめたこともあり、生活習慣や食事を見直し始めていました。

体質改善を勉強しながら、順調に体重を落としてダイエット成功の兆しがあったのですが、**妊娠を機に体重は激増。**

鬱々《うつうつ》とした気持ちを紛らわすように、また暴食に走ってしまいました。

食事を楽しみながら、マイナス20kgに成功！

妊娠しているときはさらに鏡を見るのがイヤになり、「出産したら絶対にキレイなお母さんになりたい」と思っていました。

息子を無事に出産した後は、質のよいものを食べる意識が芽生え、必要な知識を学んだり健康のためになる食材や調味料を探すようになりました。

結果として、子どものことをベースにして学んだことが、健康的なダイエット知識につながっていたのです。

食の知識が広がると、食材選びもごはんを作るのも楽しくなり、食事のとり方もどんどん変わっていきました。

少しずつシンプルな食習慣になって、味の濃いものや甘すぎるものでなくても満足できることが増えて、暴食も減っていきました。

変わったのは体重だけではありません！

35℃台前半だった平熱は、36℃台後半まで上昇。冷え性が改善しましたし、風邪をひかなくなりました。

3日に1回〜週に1回だったお通じが毎日1〜2回になると、吹き出ものだらけだった肌質も改善。

動けなくなるほどひどかった生理痛もなくなり、運動や筋トレも自分のペースで楽しみながらできるようになりました。

ダイエット開始から1年3カ月後。どんどん体質が変わりながら、マイナス20kgもの産後ダイエットに成功していました。

むくんで
パンパン

スッキリ
キレイに！

「5年後、10年後も美しく健康でいるため」のダイエット

ダイエットに成功した年。

少しでも過去の私と同じように、自分の体が大嫌いで悩んでいる人たちの力になりたくて、ダイエットのノウハウをインスタグラムで公開してみました。

写真や動画を載せていくうちに、気づけばたくさんの方に見ていただけるようになり、いまでは「ダイエットに対する考え方が変わった」「○kg減りました！」「鏡を見るのが楽しくなった」「キレイになったといわれた」など、嬉しいコメントやメッセージをいただくことも多いです。

私のダイエット法は、5年後、10年後もキレイで健康な体でいるための方法でもあります。ただ単に食事制限をして体重を落とすだけでは、「年を重ねても美しくいること」とは離れていってしまいます。

間違ったダイエットの先に待ち受けるのは、体のめぐりが悪く、筋肉量も代謝も落ちて、心と体のバランスを崩しやすくなった自分自身。

ある日突然、そんな自分の未来に気づいたのです。

「ヤバイ！」と思ってから始めるより、無理なく自分と仲よくしながら積み重ねていくほうがずっと心地よく、美しく健康的でいられるはずです。

くびれがなく
張ったお腹

一生リバウンドなしの
美腹！

シンプルな「引き算のダイエット」だから、うまくいく

私が太っているときにダイエットのためにやっていたことは、ヨガやサプリ、エステなど、**生活に追加するものばかり**でした。頑張っているのにヤセなかったのは、生活に潜む根本的な原因の改善に、目がいってなかったからなんですね。

思い起こせば、その当時はダイエットだけでなく、メイクにしても、ファッションにしても、「足し算」してごまかしたり、極端にやめようとして挫折ばかりでした。でも産後ダイエットの過程で、足すダイエットよりも、生活を見直し少しずつやめていく**「引き算ダイエット」のほうがうまくいく**ことに気づきました。

それからは、食も生活習慣もファッションもメイクも、シンプルで質のよいものを選ぶようになったんです。

私はエステでたくさんのお客様をカウンセリングしたり、自分のダイエットを見直す過程で、根本的な部分に潜む「太るクセ」にたくさん気づきました。

太るクセとは、考え方のクセ、行動のクセ、選び方のクセなどが積み重なることで、太る原因やヤセられない原因をつくり出すものです。

ダイエットに成功して、心も体も健康でいるために、まずは自分の**「太るクセ」**に気づいて改善することから始めませんか。

この本を手に取ってくださったあなたが、「太るクセ」を改善することで、軽やかになって、自分をもっと好きになれますように。

本島彩帆里

昨日よりキレイに……、
5年後も10年後も
健康で美しく
年を重ねていきたいから

もくじ&「太るクセ」チェックシート

あなたが「ヤセられない理由」がすぐわかる！

私は太っているとき、自分の生活や習慣に太る原因があるなんて思ってもみませんでした。

いままでは「そりゃ太るよね」と思えますが、太っているときは全く気づけなくて、「私は太りやすい体質だから頑張ってもヤセない」と思っていました。根本的な太るクセに気づけていなかったから、結果につながらなかったのです。〝頑張っているつもり〟でやっていたことは、残念ながら〝自分に合うヤセる方法〟になっていなかったんです。

ダイエットの一番の近道は、太るクセを改善すること！

私がダイエットとダイエット指導をしてきた中で見つけた太るクセを、リストアップして解決方法を考えてみました。

このもくじは、**あなたがダイエットにおける「ヤセられない理由」を探るための、診断でもあります。**

まずは自分に当てはまる項目にチェックをつけてみてください。

どの章にたくさんチェックがつきましたか？

その章はあなたにとって、ヤセる可能性をたくさん秘めているところ！

太るクセとの付き合い方を変えていくことで〝なりたい自分〟に近づいていくはず。

生き方そのものが出るダイエットのスタイルを、より無理なく自分に合うものに変えていくのに役立ててください。

一番多くチェックがついた章は、
あなたにとってダイエットが成功するカギとなる章です。
ぜひ、そこから読み始めてみてください。

CHAPTER 1

太る食べ方、飲み方をやめる章

まずは食事のクセに気づきましょう

チェックした数

/12

CHAPTER 2

太る選び方をやめる章

キレイになるもの、太るものの違いとは？

✓ チェックした数 8

CHAPTER 3 章

太るおやつをやめる章

心も体も満足できる食べ方

チェックした数 ／5

CHAPTER 4

太る生活をやめる章

いつものクセが「ヤセるクセ」になる！

✓ チェックした数 /11

CHAPTER 5

太る考え方をやめる章

マイペースでも理想の体になれる方法

チェックした数　／9

写真／川しまゆうこ
イラスト／oyasmur

CHAPTER 1

太る食べ方、飲み方をやめる章

まずは食事のクセに気づきましょう

太るクセ

01

食べていないはずなのに太っている

「自分が食べたもの」の盲点が見つかるリスト

あなたは日々、自分が口にしているものを、自覚していますか？

「食べていないのに、なぜか太る」と、私も以前は思っていたのですが、これこそ太るクセ。

そういった方も多いので、深くお話を伺っていくと、1日に1回は揚げものを食べていたり、3食中1食はパンやパスタだったりと、**自覚していないところで、**

必要以上に脂質や糖質などを摂取していることがよくあります。

また、「ヘルシーそう」と毎朝糖質がたっぷりのグラノーラを食べていたり、

「ごはんじゃないから大丈夫」と飲むヨーグルトやカフェオレなどの甘い飲みも

のを飲んでいたりするなど、ダイエットの盲点があるんです。

「必要以上に食べていない」のに太ることは基本的にありません。

「口にしている」ものの**質**によって、自分の体はつくられています。

ダイエットの盲点を見つけるためには、食事だけでなく間食や飲みものまで、

自分が口にしたものすべてをまずリストアップしてみましょう。

書き出したリストをながめてみるだけでも気づけることがあるはず！

まずは2週間くらい記録をとってみましょう。本書の164ページにある

「EATING RECORDシート」をコピーして活用してみてください。も

しくは、市販の食事記録ノートでもいいですし、スマホアプリでも大丈夫。

自分の食べたものや生活リズムを客観的に見て、日常に潜んでいる太りグセに

気づいていきましょう。

添加物まみれの生活とお別れする法

左ページは私がダイエットに失敗していた当時の食事記録の再現です。食事はコンビニ食が中心。朝食はパンを片手にカフェオレがお決まりでした。朝から血糖値を急激に上げているし、野菜不足です。お昼はサラダを足して健康を意識しているつもりですが、中身を見ると加工肉と糖質だらけ……。

食後には、チョコレートも。仕事終わりはお腹がぺこぺこなので、その場しのぎにおやつバーと牛乳。夕食は一見ヘルシーなコンビニそばですが、小麦が入っていてビタミンやミネラルも少ない。カップの春雨スープまで飲んで、塩分量も添加物量も多めです。

ウォーキングは通勤で往復20分。**添加物まみれの生活が体に負担をかけ、体のめぐりを悪くする原因になっていた**と思います。書き出すことで、自分の生活が美容とかけ離れていることを知り、体に負担をかける「悪いクセ」をやめることができました。

EATING RECORD

Wake up 7：00
Go to bed AM 2：00

Weight 58.2kg　Body fat percentage 30.6%
Drink 1.5ℓ　Walking 20分　Fitness 120分

Toilet 大 0回　小 6回
万年便秘↑質も悪い。

Bath （シャワーのみ）・湯船　　分
週に1～2度しかつかっていない

Time	Eat & Drink	Fitness & Beautycare
8：00	たまごサンド くるみパン カフェオレ 300ml （朝イチで血糖値を急激に上げすぎ）	通勤 歩き10分 お店の清掃
14：00（コンビニ）	ロコモコ丼 ポテトサラダ チョコ小袋 （糖質（脂）な上にマヨネーズたっぷり　葉の多いカラフルなサラダを選ぶ）	施術（マッサージ） 60分×2（有酸素運動）
20：00（コンビニ）	ダイエットおやつバー（ナッツ　ゆで卵 オススメ） 牛乳 200ml 人工甘味料が入ってるもの多いです。	帰宅 歩き10分 全体的に歩く時間が少なく、階段なども使っていませんでした。
21：00（コンビニ）	トロロそば 納豆 はるさめスープ ヘルシー風ですが栄養価は低い	
22：00	プラセンタサプリ サプリの効果が出にくい生活	
AM 2：00	加工食品が多い。おにぎりだけでも持って行く工夫をする。	就寝 ダラダラ遅くまで起きていたのでいつも1～2時

Today's good!
施術で動いて汗出し
サラダ食べた（ポテトサラダ×）
全体的に栄養不足!!!

Today's bad!
チョコレート、おやつバーたべてしまった。
生理前でイライラ、肌あれ
PMS症状がひどい

間食	理由
カフェオレ チョコ おやつバー	生理前でつい… 生理前でなくてもよく食べてる。

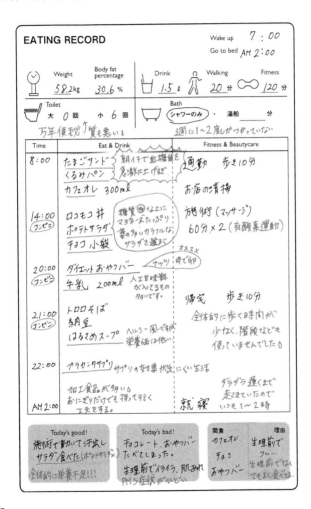

太るクセ
02
「ながら食べ」が多い

「食事に集中する」だけでダイエット効果が！

作業し〝ながら〟、テレビやパソコンやスマホを見〝ながら〟食べるのは、実は太るクセ。ながら食べをすると、食べている実感や満足感を得にくくなって、ダラダラと食べ続けてしまいます。

無意識のうちに味覚の変化を求めて、**甘い→辛い→甘い→辛い、とエンドレスに食べ続け、必要以上のカロリーを摂取**してしまうことも……。

食べものを口に運ぶときは、食べることに集中! **味や食感、香り、見た目など、五感で味わって食べることで、「食べた!」という満足感を得られます。**

食事に集中していますか?
食事自体を楽しむことは、食の満足度を高めることにつながります。

ダイエットは自分が口に運ぶものへ意識を向けることが第一歩です。

最近は**食事瞑想(マインドフルネスイーティング)**も注目されています。食事瞑想は通常の瞑想と同じように、心をリラックスさせ、自律神経を整える効果があります。

食べすぎ防止はもちろん、おいしさを口いっぱいに感じられ、頭の整理の時間にもなりますよ。

毎日毎食は難しくても、最初の3口だけなど、少しずつ始めてみてはいかがでしょうか。

太るクセ

03

食べるのが、ほかの人より早い

「一口約30回」が理想です

あなたは食事にどれくらいの時間をかけていますか？

もし一度の食事を15分以内で食べていたり、友達と数人で食べているときに早く食べ終わってしまうなら、早食いさんの可能性があります。

食べるのが早いということは、よく噛んでいなかったり、水分で流し込んで食べていたりするのかもしれません。

また、早食いで胃に負担がかかると、体内の酵素が消化活動のためにたくさん使われます。

その結果、**代謝活動に回せる酵素量が減ってしまい、ダイエット効果も低くなってしまうんです。**

さらに、満腹中枢に刺激が伝わるまでが15～20分だといわれているので、早食いをしていると腹八分目がわからなくて、食べすぎてしまうことも……。

早食いさんは、友達と一緒にごはんを食べるときなど、一緒に食べている人たちを見回して、食べるペースが一番遅い人に合わせてみるのがおすすめ。

理想的な噛む回数は約30回だといわれていますが、食べながら毎回数えるのは大変ですよね。**約30回の目安は、口の中で「食感がなくなるくらい」「ペースト状になるまで」**、お子さんがいらっしゃる方なら「離乳食くらい」の軟らかさと思うとわかりやすいかもしれません。

きっと早食いが落ち着いて、ダイエット効果が上がりますし、よく味わって食べられるようになるはずです。

太るクセ

04

食べ残しは、もったいない！

「常備菜」というダイエットもある

家族が残したものや、友達が手をつけていないものなど、テーブルの上に食べものが残っていたら、「もったいない」とつい手を伸ばしてしまうのは、太るクセです。

でも、「残したり捨てたりするのは、もったいない」という気持ちは、自然と出てくるもの。なので、最初から残らないように工夫する必要があるんです。

私はダイエットを始めてから、**外食では最初のオーダーは少なめ**にして、お腹の様子をみながら**追加注文**するようにしました。

お腹が空いているときに注文すると、「あれも食べたい、これも食べたい」とお得なデザートセットなどをつい頼みすぎてしまうんですね。

家庭では、大皿料理をあらかじめ少量ずつ取りわけておいて、お代わりしたかったら、その都度つぎ足しています。残ったら常備菜として保存して、次の日のおかずに。

お菓子を買うときも小袋を選ぶと、無意識の「食べすぎ」を防ぐことができますよ。

食べる分だけ取りわけて、残ったものは常備菜
食べすぎ防止のためにもあらかじめ取りわけて、あとは次の日のお弁当などに。

太るクセ 05

自分へのご褒美が食べもの

「ご褒美は食べものにしない」が◎

あなたは、「今日は頑張ったぞ！」という日に、自分にどんなご褒美を買っていますか？

私が太っていたときは、ご褒美といえば、お菓子やケーキが定番でした。甘いものが大好きなのに、普段は「カロリーが高いから……」と我慢していたので、なんでもない日にお菓子やケーキを食べると罪悪感がありました。

でも、「ご褒美ならＯＫ！」だと思っちゃうんですよね。
いまから考えれば、ご褒美が必ずしも食べるものである必要はなかったし、結構な頻度でご褒美デーがあったような……。

おやつは食べ終わると、手元には残らずご褒美気分も終わってしまいます。だから満足感も続かず、「まだ食べたい気持ち」だけが残ってしまっていました。

私のように、「ご褒美＝お菓子やケーキ」になっているなら、それは間違いなく太るクセです。

ご褒美の選択肢は、甘いものと同じ価格帯のもので、たくさんあります。

せっかくならモチベーションを上げてくれるアイテムを選びましょう。

たとえば……。

部屋に飾れるものを
花や観葉植物のある生活は、ストレスの緩和にもなり自分に向き合う時間をつくってくれます。

リラックスグッズや部屋に飾るもの

バスソルト・アロマオイル・花・小さな観葉植物など。

心が安らぐことで、ストレスが緩和されるので、ストレスを食にぶつける衝動を抑える効果が期待できます。

美容グッズ

少し高級なフェイスパック・毛穴を掃除するアイテム・ボディオイル・リップクリーム・ネイルなど。

キレイになるためのモチベーションが上がるので、ダイエット意識も上がります。

肌の調子を整える
スペシャルケア

do organic のマッサージバッグは、肌の毛穴詰まりが気になるときに。有機米ぬかの力で、クリアな肌に導きます。

質のよい食材・食品

デリのおかず・高級で良質な缶詰・有機調味料など。

質のよい食べものは少量でも満足できますし、ちょっと高価なので、ゆっくりよく味わおうとして、早食いも食べすぎも防げます。

食べものは心や体を満たしてくれますが、それはずっと続く幸せではないですよね。それでも、おやつを買いたいときは、原材料にこだわっているものを選びましょう。

ご褒美デーは、明日以降のキレイに結びつくものを買ってみてくださいね。

太るクセ
06
濃い味・薄味、どっちが好きかわからない

「濃い味＝早食いの原因」なんです！

濃い味は食欲を刺激するほか、しっかり噛まなくても味がわかるので早食いの原因になります。

濃い味が好きかどうかわからない人は、こちらをチェックしてみてください。

□むくみやすい
□のどがよく渇く
□足がつったり、ふくらはぎが痛くなったりすることが多い
□1日1回以上外食をする
□ハムやベーコンなどの加工肉や、加工食品（レトルト、冷凍食品、市販のお弁当や惣菜）を食べることが多い
□レトルトやインスタント食品を週に2回以上食べている
□少し動くと息が切れる
□ラーメンや、うどんなどの汁を全部飲む
□漬け物を食べることが多い
□マヨネーズやしょうゆなどで濃い味つけをすることが多い
□丼などの単品料理が多い

いくつ当てはまりましたか？
2つ以上当てはまるなら、濃い味が好きな可能性が高いです。

しょうゆさしを「スプレー式にする」美容効果

一見、太りグセとは関係なさそうな味覚の嗜好ですが、塩分の摂りすぎはむくみにつながります。**体内に塩分が多すぎると、塩分濃度を薄めようと体が水をため込みやすくなり、むくんで太って見えてしまうのです。**

さらに、むくむと疲れやすくなるので、運動量が減ってしまう原因にも……。

濃い味つけから薄味でも満足できるようになるためには、徐々に舌を慣らしていく必要があります。加工肉（ハム・ベーコン・ウインナーなど）や、インスタント食品の頻度を減らす工夫から始めてみましょう。

家でも、通常のしょうゆさしを使用するのではなく、左ページの写真で紹介しているような**スプレーしょうゆ**に替えてみるのもいいと思います。しょうゆのつけすぎや、かけすぎを防いでくれます。

また、市販のタレやドレッシングは塩分や添加物が多く含まれています。

サラダは、アマニ油・えごま油・オリーブオイルなど、良質な油と塩こしょうで味つけしても、十分おいしく食べられるのでやってみてください。

精製されているいわゆる「食卓塩」は、ミネラルなどの栄養価が低く、塩分濃度が高め。自宅で使う塩の質を気にして、岩塩などに替えていくだけでも、体に与える影響は格段に変わっていきますよ。

スプレーしょうゆで使いすぎ防止
しょうゆを無意識に使いすぎてしまう人や、少しずつ薄味になれていきたいときにおすすめです。

たらこやお漬けもの、佃煮、ふりかけなどのご飯のお供は塩分量が多いので、しっかり水分を摂りつつ、食べすぎない工夫を。

少しずつ塩分量を減らしていくことで、舌がだんだんと薄味に慣れていきます。いきなり、がらっと変えると食で満足できなくなりやすいので、少しずつ量や食べ方を調整してみてください。

太るクセ 07

「好きなもの」から食べている

「血糖値を上昇させない順番」で食べるのがコツ

食事のときに、まず何から手をつけますか？　好きなものから食べたくなる気持ちもありますが、じつはそれが太るクセかもしれません。

揚げものの衣や、お米などの糖質は、血糖値を急激に上昇させます。そうすると体は、いそいで血糖値を下げようとし、結果として脳が「血糖値を上げるために食べなさい！」と指令を出します。

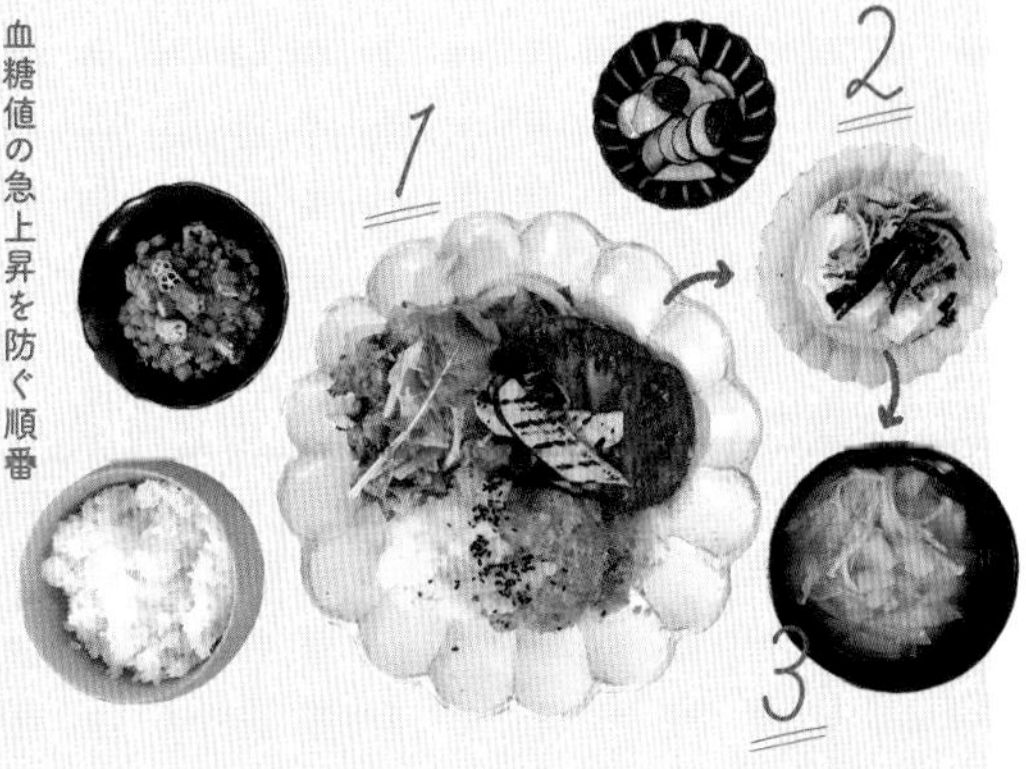

血糖値の急上昇を防ぐ順番
写真の場合、①サラダ→②おひたし→③お味噌汁の順番でゆっくり食べると◎。

栄養バランスも整えて、しっかり食事を摂ったはずなのに、すぐにお腹が空いてしまうのなら、それは脳からの指令かもしれません。

その結果、必要以上に食べてしまうので、太る原因になってしまうのです。

血糖値を急激に上昇させないためには、野菜やお肉から食べて、糖質（お米、いも、小麦）を最後に持ってくるのがおすすめです。私はおかずを多めにして、糖質を5分後回しにして食べるようにしています。

たんぱく質をしっかり食べると、食べすぎ防止にもなるので、食事の際は食べる順番と、量を気にしてみましょう。

太るクセ

08

サプリや栄養ドリンクでサポートしているから安心

「ヤセる！」サプリには、要注意！

私が太っているときは、栄養バランスの悪い食事をしても、「サプリや栄養ドリンクを飲んでいるから大丈夫」だと思って安心しきっていました。サプリを飲んでいるというだけで、**十分に栄養が摂れている「つもり」**だったのです。

何をプラスしているかも大事だと思いますが、美しい体をつくるために一番大切なのは日々の基本的な生活習慣です。

たとえば、「活性酸素（他の組織や細胞を攻撃する可能性のある酸素）を除去してくれる」とうたったサプリを飲んでいたとしても、活性酸素が発生しやすい生活を送っていたら、もったいないですよね。

体は食べものと日常生活からつくられているということに目を向けないと、根本的な原因の改善には至らないので、効果を感じにくくなってしまいます。

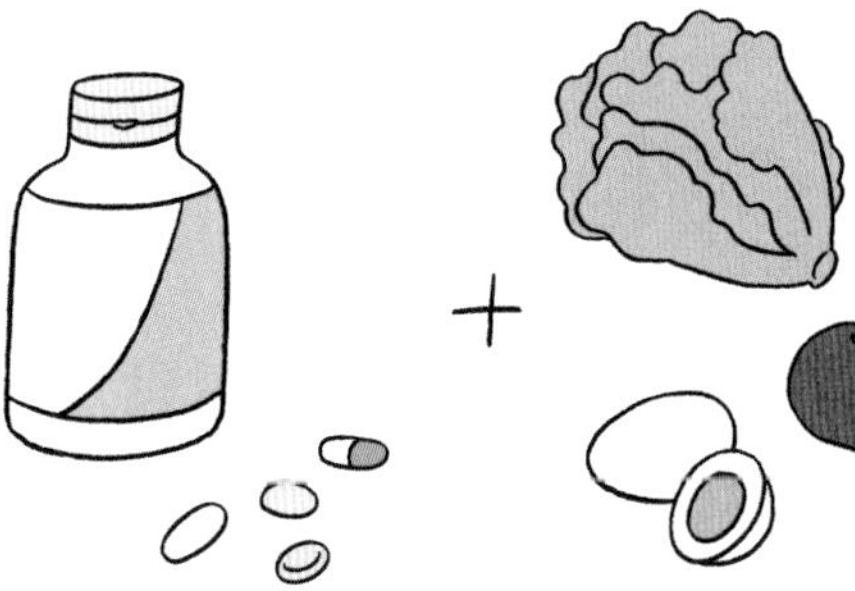

サプリは正しい生活があってのもの
栄養は、サプリや栄養ドリンクで摂取するのではなく、野菜などでしっかり摂りましょう。

たとえば私は、たんぱく質補給のために卵、肌荒れ防止のために旬の食材やブルーベリーなどをよく摂っています。

また、「ヤセる！」と過激なコピーがついたサプリや、添加物が多く、体への負担が大きいエナジードリンクは摂らないようにしています。

太るクセ

09

「食べないことがダイエット」だと思っている

「食べるダイエット」だからキレイにヤセる！

私が何度もダイエットに失敗してきた理由のひとつは、「食べないことがダイエット」だと思っていたことだと思います。

私がカウンセリングしてきたお客様の中にも、自己流の無茶な断食をしてリバウンドしたり、ヤセにくい体になってしまったりして苦しんでいる方が多くいらっしゃいました。

エノキのみじん切りが大活躍！
エノキに含まれる「キノコキトサン」は、脂肪の吸収を妨げ、脂肪燃焼効果も期待できます。

たしかに食べる量を極端に減らしたり、流動食や飲みものだけで過ごせば、体重は落ちていきますが、**それでは体に必要な栄養は摂れません。**

極端に食べないダイエットをしていると、筋肉量が落ち脂肪の燃焼効果が下がるので、結果的に太りやすい体質になっていきます。

さらに肌や髪の潤いとツヤがなくなり、体重が落ちても**「ヤセた」というより「老けた」**という印象を与えてしまうかも。

我慢の限界による暴食を避けるためにも、苦しいばかりの「食べないダイエット」はおすすめできません。

「食べないダイエット」は、体へも、心へ

ハンバーグにおからを使う
おからのほか、じゃがいもをすりおろすとつなぎの効果がアップ。お肉との比率をその都度考えます。

も負担が大きいものです。

これでは、**「5年後も10年後も美しく、なりたい自分でいること」から遠ざかっていく気がします。**

心身ともに健康的な体作りは、まず食べることから始まります。普段から、栄養を意識した食事メニューを考えましょう。

「かさ増し食材」を追加しておいしくダイエット！

量をしっかり食べるダイエットをするときは、「かさ増し食材」を追加することで、糖質を落としたり、栄養価を追加したりすることができます。

すりおろしやみじん切りで野菜を摂る
私はスープなどに根菜類をみじん切りやすりおろして入れることが多いです。消化にも優しくて◎。

たとえば私の場合、チキンライスやチャーハンなどには**えのきのみじん切り**を入れます。食べてもらった友人にネタばらしをすると、「気づかなかった！」とびっくりされることも多いです。

ハンバーグを作るときにはパン粉の代わりに**おから**を入れています。小麦を控えておからにすることで、食物繊維などの栄養価がアップ。

スープやカレー、ひき肉料理などにも、**野菜をすりおろして入れる**ことも。野菜嫌いな息子に、なんとか野菜を食べてもらおうと始めたのですが、味に深みが出ますし、とろみがついて食べ応えも増しますよ。

野菜不足な方にもおすすめの調理法です。

お米には、なるべく雑穀を混ぜるようにしています。

雑穀を足すことで、精製されて栄養価が下がってしまった白米に栄養をプラス！　栄養価を足せば、白米を代謝しやすくもなります。

十六穀やもち麦、キヌア、アマランサスなどを混ぜて、一緒に炊くだけ。水の分量はそれぞれパッケージに書かれていますが、私はいつも目分量です（笑）。おおざっぱでも美味しく炊けるので、面倒くさがりな私でも毎日続けやすいです。ぜひチャレンジしてみてくださいね。

とくにキヌアはお米に混ぜるほか、サラダにも使えます。

スーパーフードとしても話題のキヌアは、雑穀の一種。

ＧＩ値（食後血糖値の上昇度を示す指数）が低く、必須アミノ酸をすべて含み、高たんぱくで食物繊維やビタミン、ミネラルなども豊富です。何よりプチプチとした食感が楽しく、食べ応えがありますよ。

おすすめのレシピを紹介するので、ぜひ試してみてください。

忙しい日にも栄養満点！

サラダレシピ

混ぜるだけ！

キヌアのプチプチサラダ

材料

キヌア…1合
お好きな生野菜
無塩ナッツ…ひとつかみ
カッテージチーズ…適量
水煮の豆…お好みで
良質な塩
良質なオイル
（アマニ油、えごま油、
ナッツオイルなど）
レモン果汁
パセリ・パクチー

5色のカラフルサラダ

材料

ベビーリーフ…1袋
スナップエンドウ…3本
プチトマト…3個
紫キャベツの千切り…ひとつかみ
紫玉ねぎの千切り…ひとつかみ
豆腐…1／4丁
レモン…お好みで
海苔…半切り1枚

好みで塩やオイルをかけて

“Point” 忙しいときは、コンビニのカット野菜2種類とゆで卵と水煮のお豆を混ぜ合わせても。

太るクセ
10
1日の水分補給量が少ないかも？

まずは「1日1ℓ」を目指そう！

あなたは1日に飲んでいる水の量を把握していますか？
あまり少ないと、水分代謝がうまくいかず、むくみの原因になることも。
人間は毎日、汗や尿で脱水しているので、水分を補給しなくてはなりません。
厚生労働省では1日に2・5ℓの水の出入りがあるのが理想だと発表しています。
食事に含まれる水分を省いた理想的な水分量は、約1・2～1・5ℓ。でもあま

水分補給はお水で

ジュースやお茶などは水分補給に向いていません。お水を持ち歩いて、普段から水分補給する習慣を。

り水を飲む習慣がない人が突然多く飲むと、代謝できずにため込んで逆にむくむこともあるので、**まずは1ℓを目指しましょう。**

のどが渇くのは、体が脱水を訴えている状態なので、渇く前に小まめに水分補給を。

水分補給のカウントに含まないほうがよい飲みものもあります。たとえば、スポーツドリンクやジュースは糖分を多く含んでいます。また、お茶やコーヒーなどカフェイン類の飲みものは利尿作用があります。これらは**水分補給としては効率が悪く、おすすめしません。**

普段、水を飲む習慣がない方は、あらかじめ500mℓのペットボトルを2〜3本用意して、時間ごとにノルマを決めて、一気飲みをせず、小まめに摂取してくださいね。

太るクセ

11

水分補給は冷たいものが多い

内臓を温めるとダイエット効果がアップ！

あなたは飲むものの温度を意識していますか？
無意識のうちに、キンキンに冷えた水やジュースを飲んでいませんか？
水分補給として冷たいものばかり飲んでいると、内臓が冷えてしまいます。
冷えることで、むくみやすくなったり、代謝が落ちたり、女性機能が下がって
ヤセにくい体になってしまう懸念が。

水分補給は常温か温かいものを選び、冷たいものを飲む頻度を減らして、内臓から体を温めるようにしましょう。

私は朝に白湯《さゆ》を飲んで1日をスタートさせることが多いです。

体を温める飲みもの

白湯は代謝、冷え、デトックス効果のアップが期待できます。お味噌汁には、海藻やきのこ類など不足しがちな栄養食材を。

水を沸騰させて、飲める温度まで少し冷ましただけなので、体に負担をかけません。**内臓を温めることで、体のめぐりがよくなったり、お通じなどのデトックス効果が高まったり、美肌やむくみ解消にも効果的。**

また、お味噌汁などの温朝食から1日を始めるのも、体を温めるのでおすすめです。お味噌汁は発酵食品なので、お通じをよくしたり、美肌効果があったりと、間接的ではありますが、ダイエット効果がありますよ。

太るクセ
12
甘い飲みものが好き

「角砂糖20個」飲みほす習慣、やめませんか？

甘い飲みものをよく飲む人は、そもそも自分が甘い飲みものをたくさん飲んでいるという自覚がないことが多いです。

ダイエット指導では、太りグセを探すために、ご自分が口にしたものをリストアップしていただくのですが、記録して初めて「こんなに甘い飲みものばかり飲んでいたんだ」と気づかれる方も少なくありません。

かくいう私も、無意識に飲んでいたものが甘いものだらけでした（笑）。

500㎖ペットボトル入りジュースには、角砂糖15〜20個分にも相当する糖類が入っているものがあることはご存じですか？

200㎖紙パック入りの100％ジュースもヘルシーそうに思えますが、実は果実由来の糖分（果糖）が含まれているので、角砂糖10個に相当するものもあります。

コーヒーや紅茶にどれくらい砂糖を入れるかは意識して注意しているのに、ジュースを1本飲むだけで、その心がけが意味なく思えてしまうほどの糖質を摂取してしまうのです。

あなたがいま、なんとなく甘い飲みものを選んでいるなら、**選ぶときに、角砂糖の山を思い浮かべてみてください。**

それを全部摂る自分に納得できないときは、無糖のアイスティーやハーブティー、お茶を選んでみましょう。本当に飲みたいとき以外は選ばないだけでも、1日の糖質摂取量を抑えられるはずです。

「ヤセるジュース」の簡単レシピ、教えます！

私も太っているときは、とにかく甘いカフェオレが大好きでよく飲んでいました。仕事終わりなど、甘いものでリセットしていたので、カフェオレを飲まないと落ち着かず、まるで中毒のようでした。

だからといっていきなりやめるのは逆に暴食のきっかけになってしまいます。

たとえば私は、カフェオレが飲みたくなったら**コーヒーと牛乳で手作りして甘みを調整するようにしました。**それから徐々に、ミルクを低脂肪乳に変えたり、量を減らしたりして、無糖のコーヒーに慣れていきました。

また、あずき茶や甘い香りのするカカオティーなど、甘さを感じられるものもたくさんあるので、少しずつ変えられることを見つけてみてください。

そこで、どうしてもジュースが飲みたいときや、食前にお腹が空いてしまう人におすすめのドリンクレシピを紹介します。

組み合わせるだけ！

簡単ドリンクレシピ

栄養価も満足感も得られる。

甘酒 ＋ 豆乳

1:1の割合で混ぜ合わせる

“Point”

甘酒はアルコールや食品添加物が入っていないもの、豆乳は無調整のものを選ぶ。

体を温めてリコピンチャージ！

トマトジュース ＋ オリーブオイル

オリーブオイル小さじ1を混ぜ合わせて、電子レンジで温める

“Point”

トマトのリコピンは脂溶性なので、オリーブオイルと混ぜて温めることで吸収率UP。

食欲抑制効果で食べすぎ防止。

グレープフルーツ ＋ 炭酸水

お好みの量の炭酸水で割る

“Point”

濃縮還元ではなく加糖されていないストレート果汁を選ぶ。自分で搾るのもおすすめ。

CHAPTER

2

太る選び方をやめる章

キレイになるもの、太るものの違いとは？

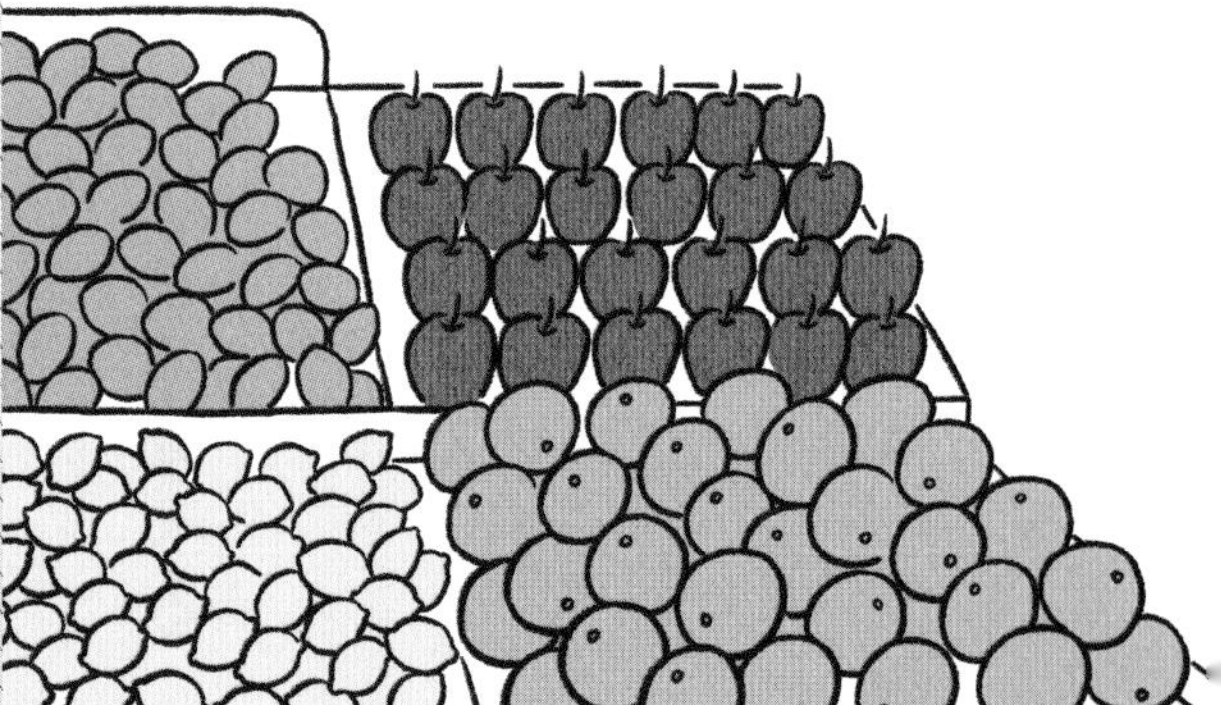

太るクセ
13
「白い色の食べもの」をよく食べる

本みりん、はちみつ……「甘みの質」を変える、すごい効能

よく食べるものを思い浮かべてみてください。その色に注目しましょう。白っぽいものが多かったら要注意。**白っぽい食べものの多くは、太りやすいものが多いんです。**

とくに白砂糖は、糖度が高く、栄養価の低い甘味料です。精製する過程でビタミンやミネラルなどが失われてしまい、体の負担になりやすく、中毒性があると

いわれています。

私は食の勉強をするまで何の疑いもなく、白砂糖を使っていたのですが、白砂糖の弊害を知ってからは、未精製の生砂糖や有機ハチミツなどを選ぶようになりました。生砂糖には、精製された白砂糖には含まれない、**ミネラルやビタミン、うま味成分のアミノ酸も豊富に含まれています。**

おすすめの甘み
本みりんや、米麹でつくられた甘酒、非加熱のはちみつ、ココナッツシュガーなどを使い分けています。

甘いもの中毒な方は、いきなりやめるのではなく、**甘いものの質を変えていくことから始めるのが大切です。**自宅で使う白砂糖を栄養価が高く、体への負担が少ないものに。

そうすると、少しずつ甘いものへの依存度が下がってきて、甘みが少なくても満足できるように変化していきます。

私も家では、甘みづけの白砂糖をやめて、

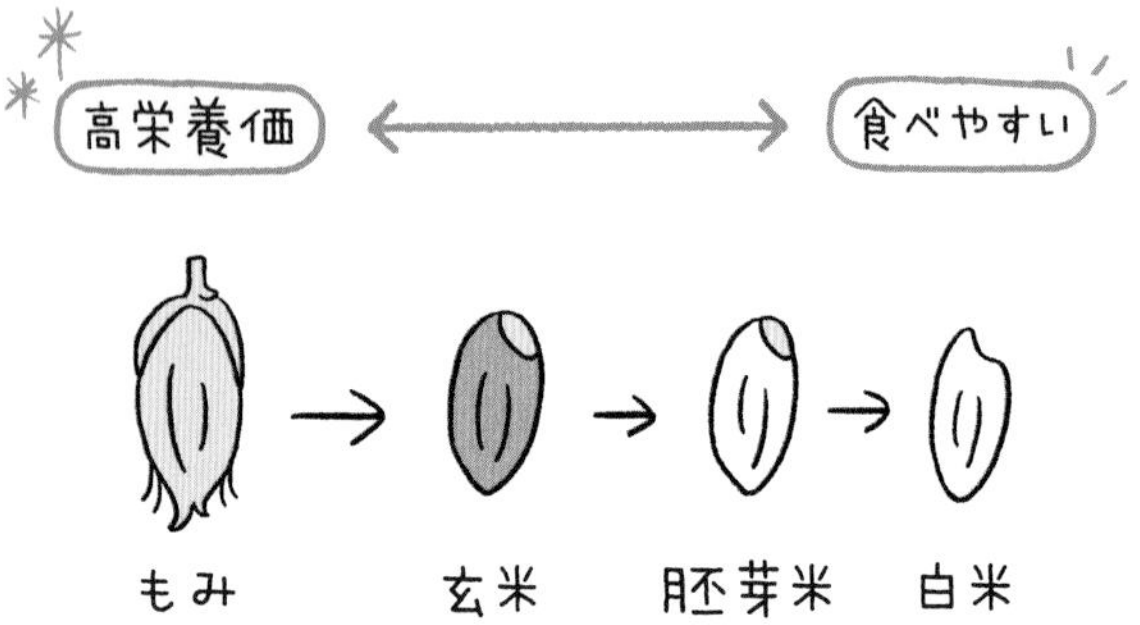

みりんや原料糖（精製する前の糖）を使うようにしています。

玄米の「美味しい食べ方」を知ろう

炭水化物の大半を占める糖質はダイエットの敵だと思われがちですが、糖質は三大栄養素のひとつで、体のエネルギーになるだけでなく、脂肪燃焼にも必要です。

私も、炭水化物は腹持ちもよいので適度に食べるようにしています。全く摂らないようにする必要はないのです。

白米は精米の過程で代謝のために使う栄養も取り除かれてしまうので、血糖値が上がりやすく、栄養価も低いです。

一方、米ぬかが含まれる玄米は、**米ぬかの部分にビタミンや食物繊維、ミネラルなど栄養が豊富**なので、完全食ともいわれています。代謝促進の一助にもなってくれますよ。

ほかにも、玄米を小豆と塩とで炊き、熟成させる酵素玄米も主食におすすめです。

玄米は噛み応えがあるので、少量でも「しっかり食べた！」という満足感を得られます。「消化に悪い」「芯がある」とおっしゃる方もいますが、18〜24時間水に浸けるか、フライパンで全体がパチパチ音を立てるまで炒ってから炊くと、モチモチふっくらになりますよ。

白っぽい食べものリスト

- □ **調味料**
  白砂糖・マヨネーズ・フレンチドレッシング
- □ **炭水化物**
  小麦（パンや麺）・白米
- □ **油脂**
  脂身・バター・マーガリン
- □ **乳製品**
  牛乳・チーズ・加糖ヨーグルト・飲むヨーグルト・アイスクリーム・練乳・生クリーム・ケーキ
- □ **料理**
  カルボナーラ・クリームパスタ・バーニャカウダソース

例外
イカ・白身魚・卵・豆腐

太るクセ
14
カレーやラーメンなど軟らかい食べものが好き

「液体状のカレー」は×。「具だくさんカレー」が◎

あなたがよく食べる好物を5つくらい思い浮かべてみてください。

カレー、シチュー、お茶漬け、ラーメンなどの汁麺、クリームスープなど、軟らかいものや液体っぽい食べものが多くありませんか？

実はそれらの食べものは、**塩分量が多かったり、ハイカロリーなものが多く、流し込むように食べてしまいます。**「好きだから」というだけで何も考えずに食べていると、太るクセにつながりやすいんです。

私はカレーが大好きなので、液体状のカレーも食べますが、家では具だくさんの**キーマカレー**を作ることが多いです。市販のルーを使わないから糖質や添加物が抑えられるし、野菜がいっぱいで、食べごたえもあるので満足度が高いですよ。


少量のオリーブオイルとにんにくとしょうがのみじん切り、ひき肉500gに火を通し、野菜（さいの目切りにしたなす1本、玉ねぎ半玉とえのき半株のみじん切りなど、冷蔵庫にある野菜でOK）を入れて、しんなりするまで炒めます。

カレー粉大さじ2、水100㎖、ウスターソースか中濃ソース大さじ3、ケチャップ大さじ3、顆粒コンソメ小さじ2を入れて煮込み、塩こしょうで味を調えたら完成です！

食べ応えがあってしっかり噛めるものを
カレーは冷蔵庫の残りの野菜を細かく切って混ぜています。市販のルーを使わないドライカレーは、ダイエットにも向いていますよ。

太るクセ
15
外食ではパスタ、うどんなどの「単品メニュー」をよく食べる

栄養のバランスは「食事の色の数」に比例します!

あなたの食事は、丼やカレー、パスタ、うどんなど、手軽に食べられる単品メニューが多くはないでしょうか。

単品メニューは、茶色や黄色などの単色になりやすいです。色が少ない食事は、**食材の種類が少ないということ。**

野菜の彩りが少ないと、栄養が偏りやすいので注意が必要です。

栄養が偏ると、健康で美しくなるために必要な栄養素が十分には摂れなくなります。**結果、代謝が悪くなるので、太りやすくなってしまう要因に。**

さらには老けやすくなる、疲れやすくなる、肌の調子が悪くなるなど、美容の面からみても、おすすめできません。

体に栄養を補うために、食事はバランスよく食べたいところ。

ヘルシーだと思われがちなそばも、そば粉の割合によっては小麦粉を多く使っています。

外食で何を食べるか迷ったときに選びたいのは定食や彩りの多いメニューです。

でも、小鉢のメニューがマカロニサラダなど、野菜やたんぱく質が入ってない場合もあるので、何がついてくるかは確認してもいいかもしれません。

牛丼も彩りを足して単色にしない

牛丼をよく食卓に出しますが、サラダやトッピングを必ずつけています。さらに牛丼の具にきのこを足してボリュームアップ。

スリムな人の食事の色は「緑色が多い」＋「カラフル」

私も全く単品メニューを食べないわけではありません。外食で食べたくなったときには、野菜や海藻をトッピングしたり、サラダをプラスして彩りアップ！ **外食の単品メニューは男性向けで量が多いことがあるので、食べすぎないようにあらかじめご飯の量を調整**してもらうようにしています。

自炊で単品メニューが食べたくなったら、使用する食材を増やします。たとえば自分で牛丼を作るときには、定番の牛肉と玉ねぎだけでなく、きのこ類でかさ増しと栄養をプラスして、ねぎと卵をトッピング。

ＳＮＳを見ていると、太り気味の人の食事は全体的に茶色っぽく、スリムな人の食事は**緑色が多くカラフル**な傾向があります。

自炊にせよ外食にせよ、**「彩りがあって映える食事内容かな？」**と考えれば、わかりやすいかもしれませんね。

食事に彩りをプラス!

5色の食材例

食事の彩りが寂しいと思ったときには、どの色が足りないか考えて食材を選んでみましょう!「色が違う＝栄養が違う」ということ! あまり使わない色の食材は、不足しがらな栄養素かも。まずはサラダに使ってみると調理の手間もかからずラクですよ。

緑

ブロッコリー、葉物野菜、ピーマン、きぬさや、グリーンアスパラなど

赤紫

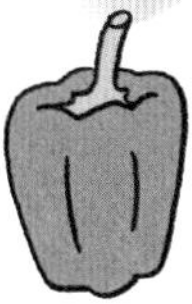

パプリカ(赤)、トマト、紫玉ねぎ、紫キャベツ、ビーツなど

黄

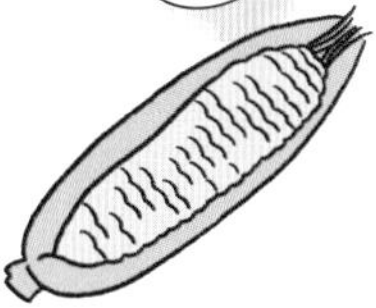

コーン、にんじん、パプリカ(黄)、レモン、かぼちゃ、しょうがなど

白

玉ねぎ、豆腐、大根、白菜、きのこ、もやし、ごぼう、じゃがいもなど

黒

わかめ、黒豆、海苔、ひじき、昆布、きくらげ、黒ごまなど

太るクセ
16

加工食品、加工肉を週に4日以上食べている

「加工品＝自然界に存在しないもの」はなぜ、太る？

あなたは、お店で調理された状態で売っている、冷凍食品、市販のお惣菜、レトルト食品などの加工肉、インスタント食品を、週にどのくらいの頻度で食べていますか？

加工食品、加工肉、インスタント食品の多くには、食品添加物が含まれています。**食品添加物は、自然界には存在しないものが多く、体はそれらを解毒・排出**

することに注力するので、代謝する力が燃焼に使われにくくなり、ダイエット効果が落ちてしまうのです。

料理に欠かせない塩も自然に近いものを
天日塩やピンクソルトは、ミネラルの味が感じられて料理に奥行きが出ます。

手軽に食べられるので、つい買ってしまいがちですが、健康のためにも加工工程の少ないものや、より元の食材に近いシンプルなものを選ぶのがおすすめ。

余裕のないときは、簡単なものやデリバリーですませることも多いですが、質や食べ方は意識しています。

私のお気に入りは**蒸し野菜**。

冷蔵庫にある野菜を適当に切って鍋に入れて、一番上に肉や魚をのせたら、水か酒を少々回し入れて、ふたを閉め、野菜と肉や魚に火が通ったら完成。塩をつけたり、ぽん酢をかけたりして食べています。

太るクセ
17

スーパーでは、用もないのにお菓子やパンコーナーに寄ることがある

「食材」「調味料」コーナーに足を運ぶと、ヤセる?

太っていたとき、コンビニやスーパーのお菓子やパンコーナーに用もないのに寄っていました。

「見るだけ」と思っていたはずなのに、新作が出ていたり、目新しいものや美味しそうなものを見つけたりすると、つい手を伸ばして気づけばレジに……。

でも「わざわざ寄っている」という自覚はなかったんです!

いまでは、買いものの目的を決めて、コンビニやお菓子コーナーに行かないようにしています。そのかわりに、食材や調味料コーナーで時間をかけて選ぶようになりました。**商品の成分表示**を見たり、**肉の原産地**を確かめたりするほうが大切だと気づいたのです。お菓子を買うのがやめられないなら、まずお菓子の成分表示を確認してみてください。

買ったつもり貯金は美容アイテムに
お菓子を買っていたお金を美容用品の購入資金にすると、自分へのご褒美にもなります。

また、お菓子やパンを買わないでお店を出られたら、500円貯金をするようにしました。**「プチできた」をためると、できたことが可視化され励みになります。**

そして買ったつもり貯金は、ちょっと高い**美容用品の購入資金**に。

憧れの美容アイテムを使いながら、頑張れた自分を褒めてあげられますね。

ホるクセ 18

商品の原材料表示を見ないで買うことがある

パッケージ裏の「読み方のコツ」を覚えましょう！

買いものをするとき、パッケージの裏をチェックしていますか？

過去の私はそれが何でできているかを確認せず、パッケージの文字をそのまま受け入れて買っていました。

パッケージ裏の食品表示欄には、使用した原材料を重量順に並べるというJAS法に基づくルールがあります。たとえば、商品名に「ブラックチョコレート」

と書いてあっても、表示の最初に「砂糖」と書かれているなら、カカオマスよりも砂糖のほうが多いということなんです。

「えごまドレッシング」の食品表示をチェックすると、植物油のほうが先に書いてあって、えごま油は最後のほうに書かれていることもよくあります。

名称　チョコレート菓子
原材料名　砂糖、小麦粉、全粉乳、カカオマス、ショートニング、植物油脂、ココアバター、小麦全粒粉、小麦ふすま、食塩、小麦胚芽、加工デンプン、乳化剤（大豆由来）、膨張剤、香料
内容量　12個
消費期限　この面の右側に表示してあります。
保存方法　直射日光をさけ、28℃以下で保存してください。
製造者　株式会社○○○

お菓子や菓子パン、清涼飲料水などに入っていることが多い添加物

ショートニング、アスパルテーム、スクラロース、L-フェニルアラニン化合物、マーガリン、増粘多糖類、アセスルファムK、イーストフード、安息香酸、臭素酸カリウムなどはとくに注意しています。安価なものには、価格を下げるためにいろんなものが入っている場合もあります。

このルールを知ってからは、体の負担になるものを避けるようにしています。自分が何を食べているかがわかるようになると、同じものでもなるべくシンプルなものを選んだり、買うことを控えたりすることができます。**人工甘味料や、ショートニングなど**を避けるだけでも、体への影響は大きく変化するはずです。

雰囲気でものを選んでいた過去の自分は、そのぶん不純物をため込みやすくて疲れやすい、ヤセにくい体だったと思います。

太るクセ

19

カロリー表示を基準に、食べものを選ぶことが多い

「カロリー」より「栄養価」に気をつけると体が喜ぶ！

食べものを選ぶときに、カロリーのことばかり気にしていませんか？

カロリー表示ばかり意識して食べていると、食べものの質や栄養に目がいかなくなってしまいがちです。

私は以前「同じ100kcalのものを食べるなら、野菜じゃなくて好きなものを食べたほうがよくない？」と思っていました。

お菓子を食べたら、ご飯を減らして、ちゃんとダイエットのためにカロリーを**調整したつもり**になっていたのです。

でも、お菓子を食べるのと、ちゃんとした食事をするのとでは、体に与える影響が違いますよね。

同じ500kcalでも、パンを食べるのと、たんぱく質や彩り豊富な定食を食べるのを比べたら、**色が多く、栄養価の高いものを食べるほうが食事のカロリーを代謝する栄養素が含まれている可能性が高いので、太りにくいんです。**

ダイエットをするときには、まず「カロリー」という概念から離れてみましょう。**「体が喜びそうなもの」と、「そうでもないもの」の違いを認識し、食事を摂る必要があります。**

何を食べるか悩んだときは、「より体が喜びそうなものはどっち？」と問いかけてみると、栄養バランスが断然によくなります。

また、体への負担が減り、より体に負担をかけない食生活へとシフトチェンジできるはずです。

太るクセ

20

食後にデザートを食べる習慣がある

デザートで「太るクセ」をやめる法

食後のデザートが習慣化していませんか？　私は子どものころから食後に甘いものを食べることが多く、大人になってからも習慣化していました。ご飯のあとに、お菓子や甘いヨーグルト、アイスなどを食べるのが当たり前。**食後にちょっと甘いものがないと物足りなくて、食事に満足できませんでした。**

夫が食後に甘いものを食べないのを見て、「デザートを食べなくても平気なん

アイスが食べたいときは……
食後のアイス代わりによく食べるフローズンヨーグルト！　ヨーグルトに、冷凍ブルーベリーとハチミツを合わせます。ハチミツの量を徐々に減らせると◎。

だ！」と驚いたと同時に、自分にデザートの習慣があることに気づきました。

　子どものころから習慣化していたデザートをなくすのは大変だったので、まずはおかしや甘い飲みものを**フルーツやナッツなど、加工されていないものに置き換えました。**

　フルーツも果糖（果物由来の糖分）を控えるために、まるごとひとつではなくカットされた**少量パック**に。少量でも満足できるようなキウイやブルーベリーなどを選びながら、量と頻度を減らしていきましょう。

「本当に食べたい！」と思うとき以外はデザートを食べなくてすむように、少しずつ工夫してみてくださいね。

CHAPTER 3

太るおやつをやめる章

心も体も満足できる食べ方

太るクセ

21

間食したぶんのおかずを減らしている

少量で満足できる「おやつ」の選び方

あなたは間食した次の食事で、おかずを減らすことはないですか？

私が太っていたときは、間食したいがために、食事の量を減らしたり、食事を抜いてお菓子だけを食べて、「ちゃんとダイエットのためにセーブしている！」と思っていました。

でもお菓子だけだと腹持ちが悪いし、**血糖値が急上昇・急降下**するせいで、さらに甘いものを食べたくなってしまいます！
そのことに気づいていなくて、「なんだか今日は食べたのにすぐお腹が空くな」くらいにしか思ってませんでした。

栄養バランスが悪いと、体は足りない栄養を求めて、「お腹が空いたよ！」とシグナルを送ることがあります。

じつは、これが食べても食べてもお腹が減る理由のひとつ。栄養バランスが悪い人ほど、体が食べものを求めてしまうのです。

お菓子を食べるときは、**バランスよく栄養を摂って、スムーズに代謝させることが大切**です。

お菓子の質をよくすると満足度も高まるので、300円のお菓子を1袋食べるなら、1粒100円のチョコを3粒。アイスを食べたいなら、ラクトアイスではなく、せめてアイスクリームか、冷凍フルーツなどに替えてみてください。

質のよいものは、少量でも満足度が高いので、食べすぎ防止にも役立ちますよ。

これを機に、栄養不足でムダなカロリーを摂る食事はやめにしましょう。

太るクセ

22

2日に1回はお菓子を買う

「白砂糖依存症」をなおす方法

「2日に1回はお菓子を買う」「甘いものを食べないとイライラする」「甘い飲みものを1日1回は飲んでいる」「空腹はとりあえずお菓子で満たす」。

——あなたに当てはまるものはありますか？　ひとつでも該当するなら、あなたは無意識に体が砂糖を欲してしまう**甘いもの依存症**かもしれません。

糖分を摂取すると、脳内でドーパミンやセロトニンなどが分泌されて、「もっと食べたい！」と感じます。

とくに、**白砂糖は体に吸収されやすいため、摂取すると血糖値が急上昇し、反動で急降下**します。**血糖値が急激に下がると、血糖値をあげるために、すぐ糖質が欲しくなるという中毒状態に。**

ダイエットをするなら、まずは中毒状態を解消しなくてはなりません。

私の場合、甘いものが飲みたくなったら小さいサイズのものを選んだり、カフェオレやラテを飲むときはシロップを少なくしたり、ジュースはトマトジュースにしたり……。

大好きなチョコレートは徐々にカカオの％を上げて、いまではカカオ70％以上のチョコでも満足できるようになりました。

ただ、いまでも甘いものは好きなので、甘いものを食べるときは代謝しやすいよう非加熱・無添加の粉末青汁を飲んで**栄養をプラス**するようにしています。

急に食のクセを変えるのは難しいかと思います。まずは毎食の1～3割ずつ質を変えたり、量を調整するようにしてください。そうしていくうちに、シンプルでやさしい味でも満足できるよう、体が慣れていくはずですよ。

太るクセ

23

和菓子より洋菓子が好き

洋菓子はせめて、ケーキ屋さんで買う

洋菓子は、バターなどの脂質を多く使うので、甘い糖質と一緒に摂ることで、**より脂肪をため込みやすく**なってしまいます。

私の場合、チョコレート、コンビニスイーツ、アイス、生クリームが大好きだったので、2〜3日に1回は何かしら食べていました。

ごはんの総量を減らしていたのですが、**栄養が偏って甘いものをうまく代謝で**

きずに、よりため込んでしまう体になっていたんです！

ダイエットを頑張っているのに体重が落ちない、お通じも悪くなってデトックスできない、肌が荒れるなど嘆いてばかりでした。

ショートケーキなどの洋菓子はとくに太りやすいので、せめてコンビニスイーツではなくケーキ屋さんで買うのがおすすめです。

なぜなら、コンビニスイーツは日持ちさせるために、たくさんの添加物が使われることがしばしば。

ケーキ屋さんでも、小さいサイズのものを買ったり、ケーキの中でもグルテンの少ないチーズケーキを選んだりしてみてください。

また、洋菓子より和菓子のほうがヘルシーです。

和菓子を選ぶときは、ようかんや小麦でつくられているものではなく、**米粉やもちを使っている団子や大福など**脂質やグルテンが少ないものをチョイス。

お菓子を食べるときは、ダイエットや体のために意識できることを考えながら選んでみてください。

太るクセ

24

ゼロカロリーのお菓子や飲みものなら食べても大丈夫！

「砂糖ゼロで甘いおやつ」ほど危ない！

ダイエット中に意識してゼロカロリーのものを選んでいませんか？

実際、私も「ゼロカロリーのゼリーなら、いくら食べてもOKでしょ！」と思っていました。糖分ゼロと書かれているし、食べても罪悪感がないので、優先的に選んでいたように思います。

しかし、ゼロカロリー食品って食べてもすぐにお腹が空いたり、食べた気にならなかったりして、逆に甘いものが欲しくなってしまうことも。

砂糖ゼロでも甘みがあるのは、人工甘味料のおかげ。**人工甘味料は少ない量で砂糖の何倍も甘く感じるので、舌が麻痺してしまいます。**

白砂糖同様、中毒性があるといわれていて、自然な甘みでは満足できなくなっていくんですね。私はダイエットをする過程でこのことを知り、ゼロカロリー食品は、できるだけ避けるようになりました。

ゼロカロリー食品はダイエットの味方のようでいて、**真の意味では味方にはなってくれない**ということを認識すると、おのずと選ぶものも変わってくると思います。

商品のコピーをすべて真に受けないように、立ち止まりながら食品表示の欄を確かめてください。

●名称：生菓子　●原材料名：ナタデココ、グレープフルーツ果汁、ドライトマトエキス、寒天、酸味料、香料、ゲル化剤（増粘多糖類）、酸化防止剤（ビタミンC）、甘味料（アスパルテーム、L-フェニルアラニン化合物、スクラロース）、乳酸Ca、マリーゴールド色素　●内容量：280g　●賞味期限：側面記載　●保存方法：直射日光、高温多湿、冷凍をさけて保存してください。
●製造者：株式会社○○○

カロリーゼロという不自然さ

甘味料のうち、アスパルテームなどの“人工甘味料”は、砂糖の何倍も甘みを感じる不自然なもの。味覚を狂わせたり、ホルモンや代謝、消化吸収などにも悪影響を与えたりするので、結果的に肥満リスクを高めるともいわれます。

太るクセ
25
家や職場にお菓子の保管場所がある

「なんとなく食べている」を防ぐコツ

あなたの家や職場には、お菓子を置いておく場所がありますか?

私の実家にはお菓子が常備してあって、お腹が空いているわけでも、「大好物だから食べたい!」というわけでもないのに、なんとなくクセで食べてしまうことが多くありました。

ひとり暮らしを始めてからは、お菓子の買いだめは減ったものの、実家に帰ると目の前のお菓子を食べてしまっていました。

この小さな積み重ねが、太りグセだったんです！

お菓子の保管場所があると、目についたら食べたくなってしまうので、なくしてしまうのもおすすめです。

どうしても食べたいときは買いに行くようにして、お菓子をすぐ食べられない環境にするだけでも、必要以上に食べることを減らせます。

こうして、ワンクッション置くようにすると、なんとなく食べていたのが、**「本当に食べたいのかな？」と考えるようになりますし、「買いに行くのが面倒だから食べない」という選択肢も生まれます。**

それでも毎日のようにお菓子を買いに出てしまうなら、甘いもの依存症（86ページ）に陥ってる可能性大。食生活の根本を見直して、体質や味覚を改善する必要があります。

いまあるお菓子のストックや、たくさんもらったお菓子は、ひとりで消化しようとせず、周りの人に配りましょう。お土産でもらった場合も、ひとりで食べず誰かとシェアすることで、食べすぎを防ぐことができますよ。

低カロリー＆高栄養価

ダイエット中の小腹を満たすお助けおやつ

ダイエット中は砂糖の多いお菓子や、
甘いジュースは避けたいもの……
そこで小腹を満たしてくれるうえに、
ヘルシーで栄養も摂れるおやつを集めました！

うずらの卵

ギュッと栄養が詰まっている

小さくても栄養価は満点！髪や皮膚、爪の健康を維持するビタミンB_2も豊富で、美容の味方ともいえます。

プロテイン

優れたサポート役

手軽に作れて味の種類も豊富なプロテイン。普段の食事で不足しがちな、たんぱく質などを補うことができます。

するめ

噛み応えも抜群！

高たんぱくでダイエットにイチオシ。噛む回数も多くなるので満足感もあります。塩分は高めなので水分も一緒に。

カットパイン

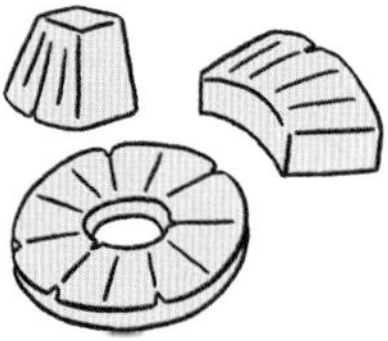

コンビニでも買えるスーパーフルーツ

ヘルシーで繊維も多く、消化を促す酵素が含まれるパイン。ビタミンCをはじめ、栄養素も豊富です。

冷凍フルーツ

ヘルシーなアイス代わり！

なかなかアイスをやめられない人にオススメ。
ブルーベリーやマンゴー、桃などは満足度も高いですよ。

ミックスナッツ

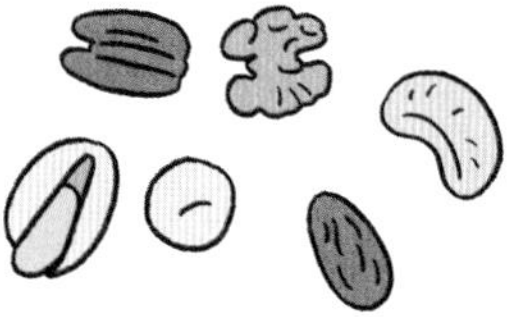

ひとにぎり分のナッツを

ナッツはローストか、ベストは生のもの。
良質な脂質が含まれるので積極的に摂ってみて。

CHAPTER 4

太る生活をやめる章

いつものクセが「ヤセるクセ」になる！

太るクセ
26
自分の体重やサイズを正しく知らない

「毎朝の体重計」がヤセる体をつくる

あなたはダイエットのときに、「怖くて体重計にのりたくない！」と体重測定を避けていませんか？　小まめに体重計にのらないと、自分の体重の変化に気づけません。

体重を把握していないと、**意識もだんだんダイエットから離れてしまいます。**

そうすると、自分の体重やサイズの変化に合った調整をしなくなり、なりたい自分像から離れていってしまうかも。

私もダイエットに失敗し続けていた時期は、数字を見ては一喜一憂してしまい、だんだん体重計を避けるようになっていました。あまりにも数字に振り回されてしまう場合は、タイミングや頻度を考える必要がありますが、自分の体重を把握することで、1日の行動が変わります。減っていたら「もっと頑張ろう」と思いますし、増えていたら食事の量や質を調整しようと思えます。

そして、**体重は毎回同じタイミングで量ること。**

理想は朝トイレに行った直後。難しい場合は、夜でもOK。記録することで、ダイエットの進捗《しんちょく》と課題をより意識できるようになりますよ。

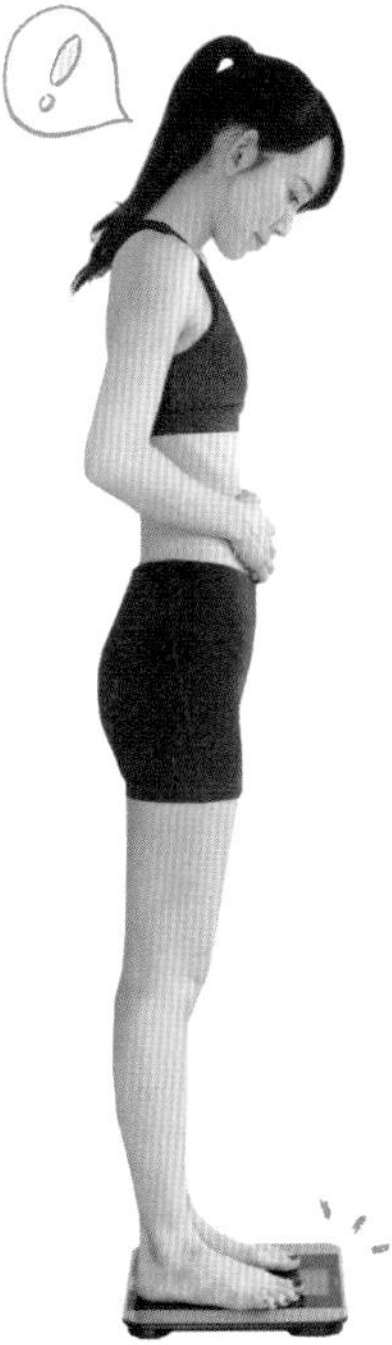

1日の始まりに
自分の体重を把握する
1kg程度の体重の増減は食事・水分量・生理の前後などで変化するので気にしない! 成功するダイエットの体重グラフは、ギザギザしながら右肩下がりになっていきます。体重は朝に量ると1日の行動が変わるので◎。

太るクセ
27
湯船に浸からず、シャワーですますことが多い

湯船に浸かるだけでも、ダイエットになる

あなたはお風呂で湯船に浸かりますか？　それともシャワーだけですか？

お風呂に浸かることは、ダイエットにもつながります。温かいお湯が**体の末端や脂肪を外から温めてくれるだけでなく、睡眠の質も上げてくれます。**

満足に睡眠ができていないと、食欲ホルモンが分泌されてしまうので、睡眠はしっかりとることをおすすめします。

私も以前は湯船にお湯をためるのが面倒でしたが、いまでは美容の時間だと思って、少しでも長く湯船に浸かれるよう、おもちゃで息子を遊ばせたり、短時間でもより温まるバスソルトやエプソムソルトを入れてマッサージをしたりするなど、バスタイムの効率化を考えるようになりました。

ちゃんと湯船に浸かってすっきりすると、**お風呂からあがったあとに、保湿ついでにマッサージするような、いい流れができます。**

バスタイムは癒しの時間だけでなく、過ごし方によってはダイエットの強い味方にも。

ゆっくりお風呂に入ることができる日は、音楽をかけたり、アロマキャンドルをたいたり、読書をするなどして、リラックスタイムを満喫しています。疲れていて癒しを求めている方は、バスタイムを充実させてみてくださいね。

気分の上がるバスタイムを過ごす
自分へのご褒美として、アロマキャンドルや入浴剤を買います。毎日は入れなくても、疲れを癒す時間なので、週に数回でも入れるといいですね。

太るクセ
28
部屋が散らかっている

部屋の片づけで、部屋も気持ちも脂肪も上手に整理

あなたの部屋は、清潔でキレイに片づいていますか？

それともごちゃごちゃしていますか？

友人やエステサロンのお客様の話を聞いてきた中で、ダイエットがなかなかうまくいかない人の多くが、**カバンの中身や部屋が散らかっている**ような気がします。当の私も、元々は部屋が散らかり放題で片づけや整理が大の苦手でした。

部屋が汚いと、床の面積も狭く、「トレーニングする場所がないから」とやる気にならなかったり、ケアアイテムが行方不明になってマッサージやストレッチが後回し、洗い物がたまって自炊もしたくなくなったりしてしまいます。

ダイエットのやる気が起きないときは、小さな場所から掃除してみましょう。そして何よりキレイな部屋のほうが、ダイエットのモチベーションがアップします。**部屋の片づけは、部屋も気持ちも整理されます。**

結果として、生活も体もコンディションが整うのです。

掃除をすると、ゴロゴロするよりカロリーを消費しますよね。ダイエットもできて一石二鳥！

部屋を片づけないことは、脂肪を燃焼するチャンスを逃しているかも。

小さな範囲から整理整頓を始めたり、掃除上手な友人やパートナーに手伝ってもらったり……。

部屋をキレイに整えることは、頭の中を整理することにもつながります。最初から完璧な掃除をする必要はないので、キッチンだけ、冷蔵庫だけなど食に関する場所から始めてみるのもおすすめです。

太るクセ
29
お財布がパンパンに太っている

お財布がヤセている人は、なぜ体もヤセている？

あなたのお財布の厚みに注目してみましょう。薄くてすっきりしていますか？

それとも分厚くてパンパンになっていますか？

お財布がパンパンになる原因の多くは、レシートやクーポン、ポイントカードがたくさん詰め込まれているから。

「ポイントをためたい&使いたい」ために、お腹が空いてないのに寄り道してしまうことはありませんか？

あるいは、クーポンを使って「ちょっとでも安く食事したい」という気持ちが、外食をする理由をつくって、太るクセにつながってしまうのです。

部屋が散らかっているときと同じく、お財布の中が整理されていないのは、あなたのコンディションが乱れているサインなのかもしれません。

今の自分に必要なものか見極めて、ポイントカードはよく行くお店だけのものにしましょう。


また「お得だから」と、ファミリーパックなど特大サイズの食品を買っていませんか？　買いだめをしておくと、本当に食べたいわけでもないのに「なんとなくあるから」「賞味期限が近いから」と口に運んでしまいます。

少量パックを少しずつ、ほんとうに食べたい量だけをその都度買うと、太るクセを減らすだけでなく、出費もトータルで見ると少なくなるかもしれません。

食べてしまう理由を、自らつくらないようにしましょう。

お財布の中も、食品も、ため込まないよう意識してみてください。

太るクセ

30

ゆるい服ばかり着ている

ピチッとした服を見るだけで、意外とやる気になる!

私が太っていたとき、体型を隠すようなゆるい服ばかり選んでいました。太っているのが恥ずかしくて、体のラインがわからない服を無意識に選ぶクセがついていたんです。そのせいで、自分の体型の変化に気づけていませんでした。

自分の小さな変化に気づけるようになるのも、ダイエット成功のコツ。

自分のサイズが確認できるような、伸縮性のないパンツを1枚買ってみましょう。

私の場合は、ひざから上に上がらない、普段より3サイズも小さいデニムをもらったことでダイエットに火が付きました。「いつかはけるようになりたい！」と思い努力し、ついにはけたときの嬉しさといったら！　インスタグラムに最初にアップしたのは、その絶対にはけないと思っていたデニムをはいた後ろ姿です。

やっとはけたデニム
最初はひざ上まですら上がらなかったデニムが、体の変化とともに少しずつ上がるようになりました。お尻まですっぽり入ってボタンを留められたときの嬉しさが、いまでも忘れられません。

着たい服は、ダイエットの具体的な目標になって、モチベーションを上げてくれます。なかなかダイエットのエンジンがかからない人は、「理想の体型にならなきゃ！」とやる気スイッチの入るような予定を入れて、目標の服を目に付く場所に置いておきましょう。

楽しみな予定なら、ポジティブな気持ちで続けることができますよ。

太るクセ
31
ハミガキの時間は、歯をみがくだけ

「ながらエクササイズ」はクセになる

あなたはハミガキの時間、ぼんやりしていませんか？　ハミガキ以外に何もしていないなら、もったいないです！　**ハミガキのように毎日の習慣になっていることをエクササイズの時間にすると、すんなりと習慣にできます。**

私もエクササイズの継続がなかなかできなかったのですが、ハミガキの時間はヒップアップエクササイズをすると決めてから、続けられるようになり、いまで

子どもと遊ぶときも
ながらエクササイズ

子どもと遊ぶときは公園に行ったり、
バランスボールを使ったり、
一緒に体を動かす時間に。

は習慣になりました。

通勤時間、信号待ちの時間、電車で立っている時間、ドライヤーをかける時間、テレビを見る時間、スマホを見る時間、子どもと遊ぶ時間、掃除をする時間、洗いものをする時間、イスに座っている時間、起きてすぐと寝る前の時間など……。

「自分にもとり入れられそう！」と思った時間があれば、ぜひ今日から実践してみてください。

生活に新しくエクササイズの時間を追加しようとすると、ハードルが高くて続けるのが難しくなってしまいます。最初はハードルを低くして、始められることから日常にとり入れてみましょう。

ハミガキしながら 美尻エクササイズ

ハミガキとセットにしてしまえば、ヒップアップエクササイズの習慣だって身につきます！　気になるところは長めに行いましょう。

お尻に手を当てて、どこに効いているかを確認しながらやってみてください。効いているかどうかは、直接触ってみてその部分がかたくなっているかどうかでわかります。

お尻の上部を持ち上げる

1

背筋を伸ばし、お腹に力を入れてまっすぐ立つ

2

お腹を動かさないように固定して、足を後ろに引いて持ち上げる

ヒップサイドを引きしめる

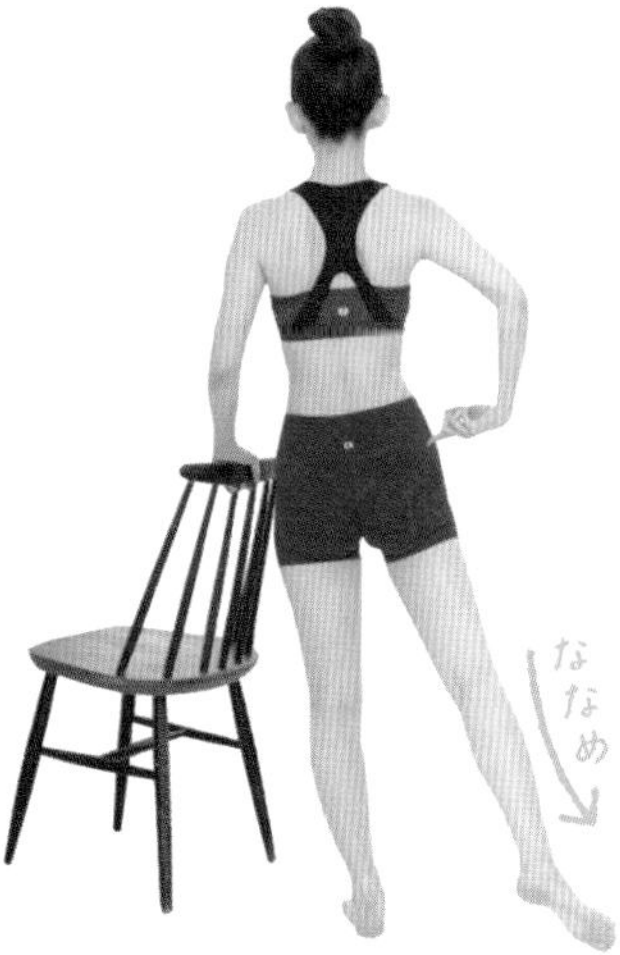

1

背筋を伸ばし、お腹に力を入れてまっすぐ立つ

2

上げるほうの足だけ、少し角度をつけてつま先を開く

3

斜め後ろに足を持ち上げる

ドライヤータイムにくびれづくり

腰回し運動はシンプルですが、くびれづくりや便秘解消にも効果的です。
洗い物中や、テレビを見ている時間にも取り入れてみてください。

メリハリウエストをつくる

1
上半身を固定

2
下半身だけを
大きく回す

3
反対回りに
同じ回数回す

大きく∞マークを
描くようにすると
運動強度がUP♪

マスクの下で
ほうれい線対策

マスクをしているときや家事中など、
人目が気にならないときにやりたいのが、舌回しエクササイズ。

口元のシワを
予防・改善

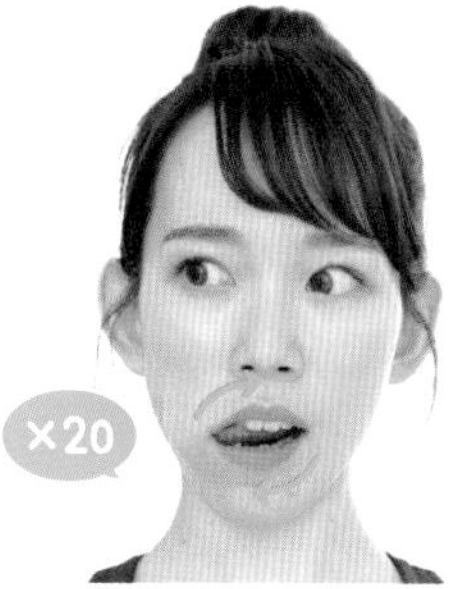

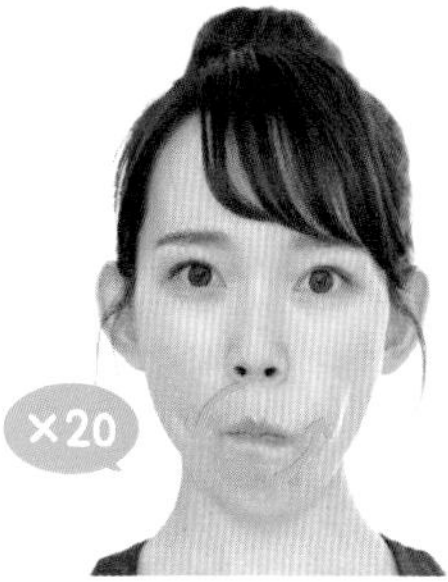

1

口を閉じ、歯の表面に舌を当てる。ゆっくり舌で歯をなぞりながら、時計回りに20回ほど回します。

2

反対回りも同様に20回を1セット。
1日に1～3セット行うと効果的。

大事な日の前日と当日の朝は入念に行うとGood!

デスクワーク中に 太ももを鍛える

このながらエクササイズは、美脚には欠かせない太ももの内側ラインを整えます。腰を掛けているときは、ぜひやってみてください。

内もも筋トレで 脚ほっそり

1
背筋を伸ばして、
イスに浅く座る

2
脚に本を挟む

3
本を挟んだまま、
脚を浮かせながら10秒キープ

姿勢が悪い状態で行うと……

姿勢が悪いと、つけたくないところに筋肉がついてしまうことも……。
どのトレーニングでも体の軸や姿勢を意識しながら正しいフォームで行ってください。

ちょっとおまけ♪

読書しながらいい姿勢の練習

たとえば、この本を読んでいるときでもできることはあります。
読書中やパソコン仕事中は、いい姿勢のクセをつけましょう。

首のコリ・首のシワ 予防

見るものは目線に合わせて。首が曲がらないようにしましょう。
ノートパソコンを使うときは、スタンドを使うのもおすすめです。

首が曲がっていると……

目線が下になると首にシワが寄るほか、肩にも負担がかかってしまいます。姿勢が美しいと、印象も変わります。普段から背筋と首筋を意識していい姿勢を心がけましょう。

太るクセ
32
夜0時以降に寝ている

6〜8時間の睡眠がヤセる体をつくる

あなたはいまの睡眠に満足できていますか？

私は睡眠が美しさと関わっていることはなんとなく認識はしていましたが、ダイエットにおいても大切だということまでは意識できていませんでした。

一番太っていたときは、睡眠時間も短く、眠りの質も悪かったです。当時はいつも疲れがとれないし、顔はむくんで、過食気味でした。

睡眠不足になると、満腹を感じるホルモン・レプチンが減り、空腹を感じるホルモン・グレリンが増えて食欲が増してしまうのです。

睡眠は、ヤセやすい体をつくる時間。また質の高い睡眠をとると、副交感神経が優位になり血流がよくなります。血のめぐりがよいと、腸を含む内臓の働きが活発になり、結果として代謝のよい体に導いてくれます。

睡眠時間は6〜8時間は必要です。

寝る前に、湯船に浸かるようにするのも（100ページ）睡眠の質アップにつながります。寝ても寝ても眠いという人はとくに、体をリラックスさせ自律神経を整えましょう。

自分が寝たい1時間前から部屋を暗くして、脳を覚醒させるスマホやテレビなどの強い光を発するものはオフ。

ただ間接照明などの、淡い黄〜オレンジ色などの光は眠りを誘うのでOKです。1日動いた体をお休みモードに切り替えることを意識してみてください。質のよい睡眠で、よりよい体づくりの後押しをしてもらいましょう。

太るクセ
33
全身鏡で体を見ていない

自分の裸を見ることも「ヤセるクセ」になる！

ダイエット指導をしていて、「家に全身鏡がない」という方に出会います。

しかし、ぜひ全身鏡は家にひとつ以上は置いてください。全身鏡で裸の自分を見ないと、体の変化にうとくなって、**どこがヤセたいのか、どう絞りたいのか**など、なりたい自分のボディラインを具体的にイメージしづらくなります。

また、自分の裸を見ない人は、細かい変化に気づきにくいので、「太る・ヤセ

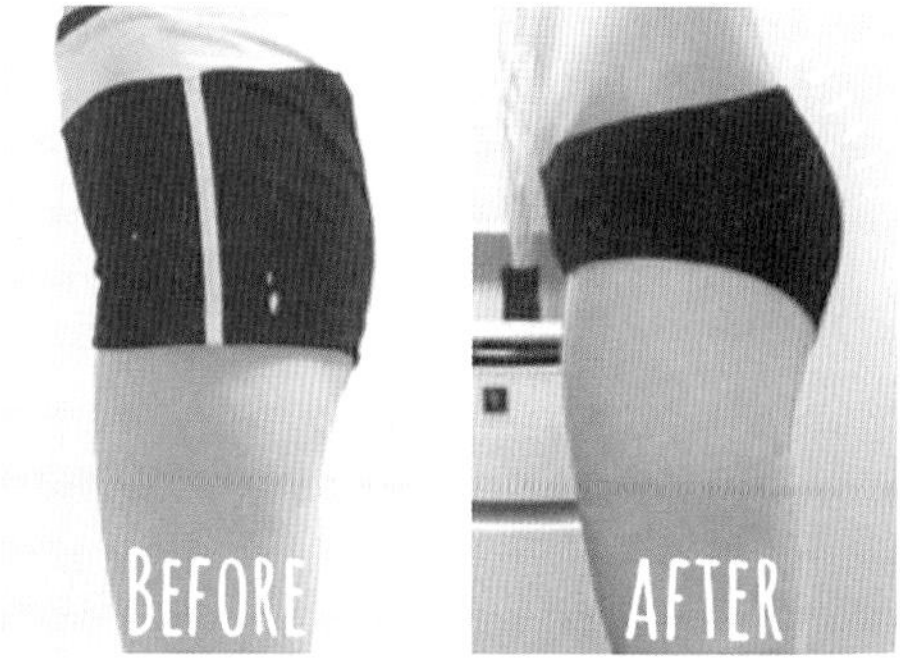

変化を記録に残す
ダイエットを始めると決めた日から、体型を写真に残すようにしましょう。撮った写真を比べると「こんなに変わったんだ!」と確認でき、モチベーションも上がります。

る」兆しにも気づけず、**自分の体の状態への興味関心も薄れてしまいます。**

同じ体重でも、体脂肪率やむくみ具合でボディラインは変わります。

スマホカメラのタイマー機能を使って、直立した自分の前・横・後ろを撮影して記録するのもおすすめ。

たとえ理想からかけ離れた姿だとしても、ありのままの自分を一度受け入れることは、これから美しくなるためにも大事な作業だと思います。

定期的に写真を撮ることで、よい変化にも気づくことができるのでモチベーションアップにもつながりますよ。

太るクセ
34
歩く時間が少ない

「歩くのが楽しい場所」を探してみよう

昔の私は少しでも足を長く細く見せるために、高いヒールの靴やデザイン重視で足に負担のかかる靴をよく履いていました。

足がよく痛くなるので、外出の際もすぐに休んで甘い飲みものを飲んでいたし、前傾姿勢で歩くから太ももの前張りもひどくて……。いま思えば、自分で足が太くなる原因をつくっていました。

私がダイエットに成功した理由のひとつには、日々のウォーキングもあります。

息子をベビーカーに乗せて、意識的に歩くようにしていました。スーパーへの買い出しも、少しでもたくさん歩けるように遠回り。

車や自転車をできるだけ使わず、これまで車で行っていたところには電車で行って、少しでも歩数を稼げるようにしたんです。いままでは歩くモチベーションにつながるアプリを使うなど、工夫を続けています。

休日の過ごし方も変わりました。「たくさん歩けるところはどこだろう？」と考えるようになったので、**「歩くのが楽しい場所」**を探すようになりました。

動物園など、歩いていると意識しなくても歩数を稼げる場所はたくさんあるはずです。ウィンドウショッピングでもＯＫ。キレイになったときに着る服探しにデパートに行くと、ダイエットの楽しみが増えていきます。

ヒールを買うときは、**ヒール部分が太めで安定するもの**を選んだり、ネットでは買わずに**試着して歩きやすさを確認**してから買ったりしています。

出かけたくなるような自分好みのツールをそろえて、ウォーキング環境を整えたことが、私のダイエットモチベーションを高めたように思います。

歩く時間が少ない忙しい人でも
とり入れやすい

時短運動

わざわざ運動のための
時間をつくらなくても大丈夫です！
私がいつも行っている
時短運動を6つ紹介します。

信号待ちは片足立ち

すきま時間に体のバランスや、お腹やお尻を意識するクセを身につけましょう。片足立ちは集中力もアップするので、仕事前にもGood!

人目のない自宅では

自宅では思いっきり足を上げてキープ。最初はバランスがとれなくても、徐々にできるようになります。

外出先での信号待ちなどでは

そっと足を上げてキープ。背筋を伸ばしてお腹やお尻に力を入れると、体幹力もつきます。

エスカレーターより階段を

階段昇降は簡単にとり入れられる美容法。毎日の時短運動になるのにやらないなんてもったいない！　太もも裏からお尻にしっかり効くので、通勤や移動の多い日常にとり入れてみてください。

1
背筋を伸ばし、
顔は正面を見る

2
前の段にかかとまで
しっかりつける

3
後ろ足で体を押すように
体重移動する

4
つま先よりかかとに
重心を置く

- 姿勢が悪く、下を向いている
- つま先に体重をかけて、
前の段からかかとが出ている

しっかり効く！
階段の上り方

かかとに重心を置いて、
太ももの裏からお尻を
意識しながら
のぼってください。

テレビを見ながら肩回し

内に入りがちな肩の姿勢改善や血行促進に。こりやすい肩回りを定期的にほぐして可動域を広げておくと、肩こり防止や姿勢改善にもなり、間接的に体のラインを整えることになります。

後ろ姿スッキリ 肩回し

1

肩甲骨を寄せる

軽く肩に手を添え、
ぐーーっと肩甲骨を
寄せる

2

肩甲骨を離す

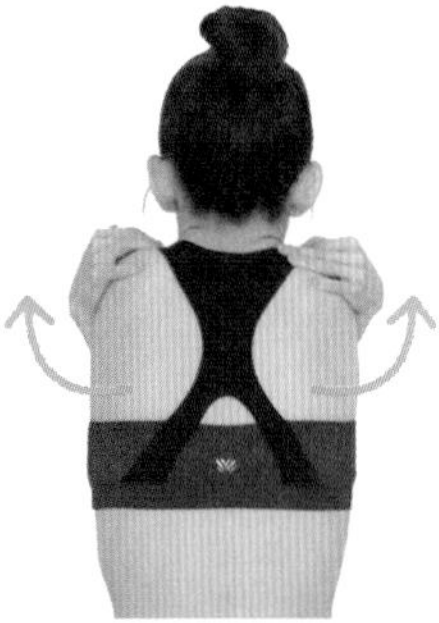

今度は手をクロスし、
反対側の肩を持って
肩甲骨を離す

呼吸とともにくり返し5〜10回程度行う

暇があったら、お肉をつまむ

もむだけでも血行がよくなったり、セルライトをほぐしたりする効果があります。セルライトとは肥大化した皮下脂肪。放置すると代謝の低下や冷えにつながり、体の不調も引き起こすともいわれます。

セルライトつぶし

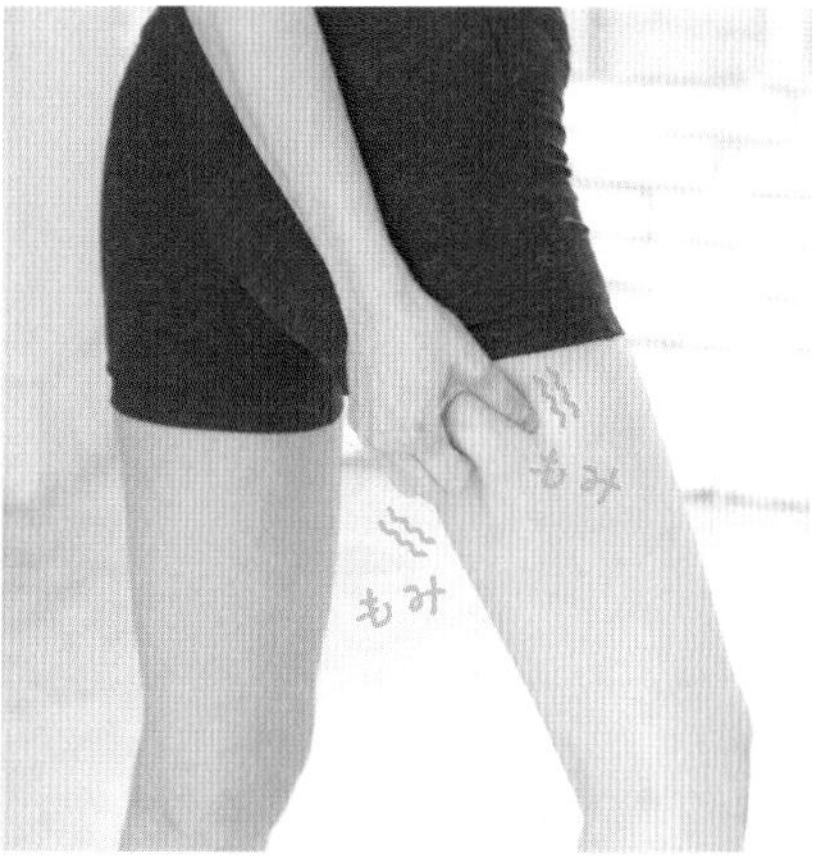

最初は痛いかもしれませんが、それはセルライトがたまっている証拠！ もんでいくうちにだんだんほぐれて痛くなくなってきます。

座りながら足首伸ばし

冷え性の方、足の筋肉がこり固まっている方におすすめの時短運動です。足首を動かすことで血行促進や柔軟性を高められます。

座ったまま 足首ストレッチ

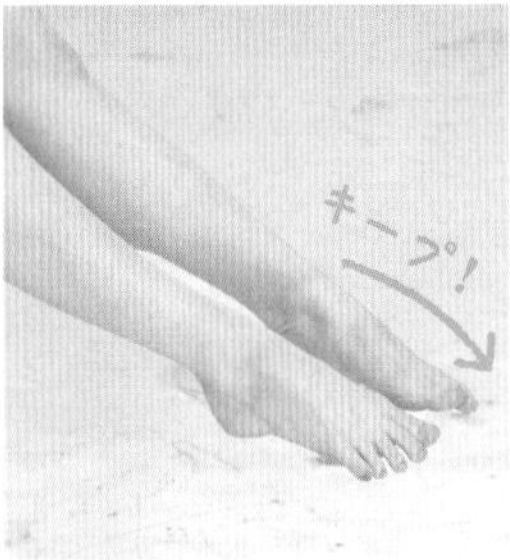

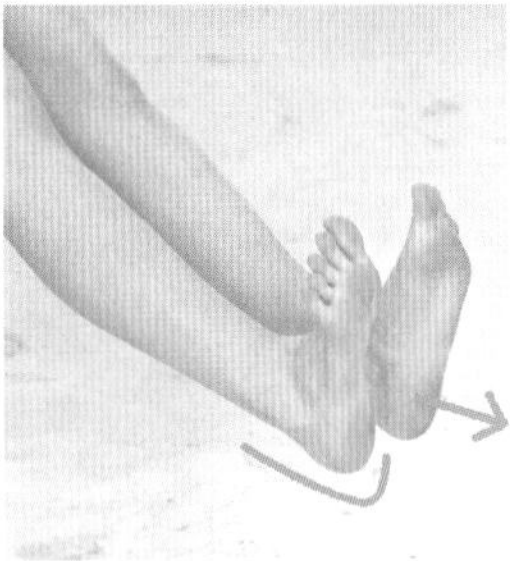

1

背筋を伸ばしてイスに座り、足の甲を伸ばす。
つま先までしっかり伸びたら、キープ。

2

ふた呼吸ほど置いたら、かかとを前に押し出すように足首を思いっきり曲げる。
これを5セットほど続ける。

いつでもどこでも腹式呼吸

しっかり背筋を伸ばし、お腹を引っ込めることを意識して、美しい姿勢でいましょう。腹式呼吸はいつでもできるお腹のエクササイズです。

体も整う 腹式呼吸

1

お腹をふくらませるように
鼻から空気を吸う。

2

お腹をへこませながら
口から息を吐く。

しっかり呼吸することで、自律神経が整えられます。
腸の運動にもなり、便秘＆冷え解消や、代謝UPにも♪

太るクセ
35

くい込む下着をつけている

「ヤセる下着」「太る下着」の違いって？

エステティシャン時代、下着のライン通りに背中やショーツ周りが凹んでいたり、そのまま色素が沈着して黒ずんでいたりなど、**体に合っていない下着で、ボディラインや肌に負担をかけている**お客様をたくさん見てきました。くい込む下着は、血流やリンパの流れを滞らせるので、血行が悪くなって、冷えたり、むくんだり、肌が黒ずみやすくなります。私もそれに気づいてからは、**肌への負担が**

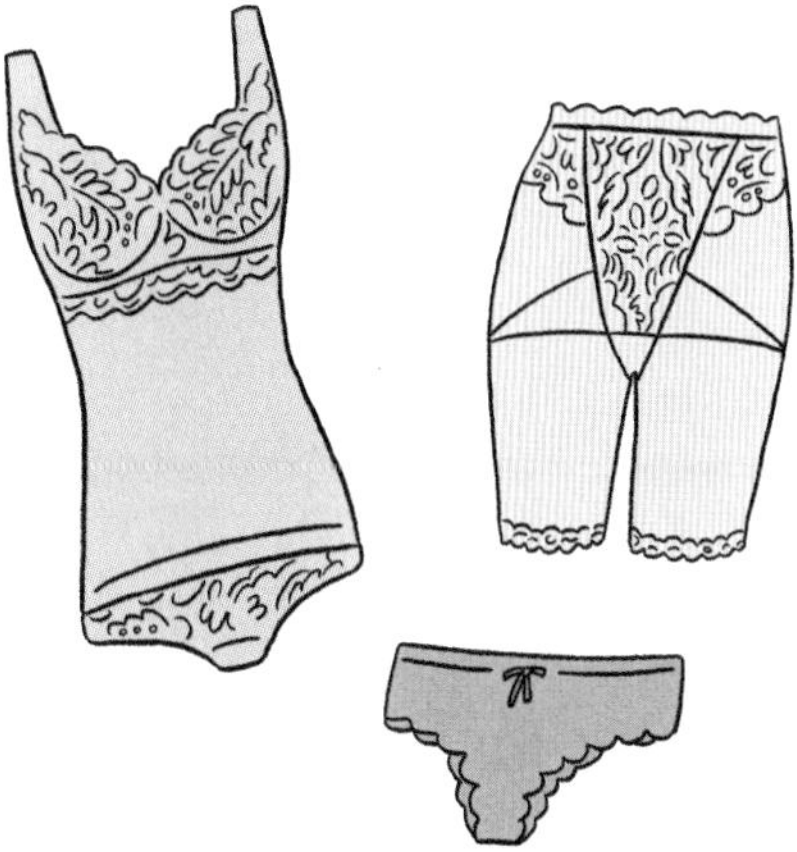

下着にもこだわる
補正下着はお尻を高い位置に戻してくれたり、背中のお肉を胸に持ってきて整えてくれたりします。ゴムがくい込まない、シームレスショーツなどもおすすめです。

少ない総レースやシームレスの下着など、点や線ではなく「面」で支えるような下着を選ぶようにしています。

自己判断で選びがちなブラジャーですが、バストのサイズや位置は年々少しずつ変化していくので、定期的にフィッティングに行くのがおすすめ。お店で専門家に見てもらうと、つけ方や悩みに合わせて商品を教えてもらえます。

ショーツは、布全体でお尻をサポートしてくれる総レースやシームレスショーツ、肌にくい込まないTバックタイプのものが好きです。

まずは自分の下着が体に合っているか鏡の前で確認してみましょう。

太るクセ

36

筋肉量を増やせば基礎代謝が上がると思っている

基礎代謝は「内蔵から上げる」のが一番！

「基礎代謝を上げればヤセる！」、私もそう思います。1日に消費されるエネルギーのうち、**運動が2～3割**なのに対し、**基礎代謝は6～7割**を占めるといわれているからです。

基礎代謝とは、1日に何もしなくても消費されるエネルギーのこと。つまり、何もしなくても消費されるエネルギーが増えれば、効率よくダイエットできることになりますよね。

基礎代謝でひろく知られているのが筋肉です。筋肉はボディラインを引きしめるために重要なもの。でも、筋肉量を増やせば劇的に基礎代謝が上がるかといえば、そうとは限りません。なぜなら、基礎代謝で消費されるエネルギーの内訳は……

肝臓27％、脳19％、筋肉18％、腎臓10％、心臓7％、その他19％

意外にも筋肉は全体の5分の1以下。

内臓などの機能を高めることは、効率的に基礎代謝を上げられることがわかります。

とくに肝臓は全体の3分の1弱を占めるので、肝機能を高めたいところ。肝機能を高めるのに大事なのはビタミンや良質なたんぱく質です。意識して摂りたいのが、ビタミンAが多く含まれるレバー、ビタミンCが多く含まれる赤ピーマンやパセリなどの緑黄色野菜、複数の栄養素が豊富に含まれるゴマです。

ビタミン類を積極的に摂取して、外側からだけでなく、内臓から基礎代謝を上げましょう！

太る考え方をやめる章

マイペースでも
理想の体になれる方法

CHAPTER 5

太るクセ
37

自分はやる気が維持できないと思っている

まず、やる気を「3つのレベル」に分けよう

体や心は、年齢、季節、天気、ホルモン、ストレス、時間に合わせて**常にバランスをとろうと変化・調整してくれています。**それに合わせてモチベーションが変化するのは、体が正常に機能してくれている証拠！　つまり自然なことなのです。

まずは自分にプレッシャーをかけすぎず、自然な変化を受け入れましょう。ダイエットのために何を頑張るかは、そのときのモチベーションに合わせて変化さ

せてみてください。

私は同じ目的のトレーニングやケアでも、**3つのレベルに分けています。**たとえばヒップアップしたい場合、やる気レベル3のときはスクワット、やる気レベル2のときは片足立ち（123ページ）、やる気レベル1のときは階段を3階分下りるようにするなど……。

いまできることをやる
空き時間にちょっと腕をもむだけでも、ヤセるクセにつながりますよ。たくさんいいクセをつくっていきましょう。

そのときの自分が越えられるハードルを用意しておくと、「何もできなかった」と落ち込まず、「ちょっとだけどできた！」と達成感を積み重ねることができます。

休むことも大事な体のケアなので、「三日坊主で何もできなかった……」と思う日でも、「休むことができた」とカウントして、またそこからできることを始めてみましょうね。

太るクセ

38

理想の自分の体がハッキリしない

加工アプリで理想の自分の体をつくってみる

あなたは自分がヤセたときの体を具体的に想像できますか？

エステのお客様にも、ヤセた自分や理想のラインを具体的にイメージしてほしかったので、写真を撮って、削りたい箇所をペンで塗りつぶしていました。理想のイメージが具体的であればあるほど、やる気スイッチが入りやすくなるんです。

私も物心ついたときには下半身が太かったので、よく理想の体型の人を見たり、モデルさんの顔に自分の顔をコラージュしていましたが、いまひとつハッキリとした自分がイメージできませんでした。

そこで、**自分の下着姿の写真をカメラアプリで理想通りに加工してみたんです。**理想の自分をつくってみると、**「こうなれたらどんなに嬉しいだろう」**という気持ちがわいてきました。加工した画像は保存して、モチベーションが下がったときのやる気スイッチに！

ほかにも、体型だけではなく理想のスタイル（服やメイク）もインスタグラムで見つけて保存するようにしたり、ピンタレストでまとめておくと、自分のなりたい像が明確になってくるはずです。

ピンタレストは、ウェブ上で見つけたお気に入りの画像をまとめることができます。使えば使うほど自分好みの画像が出てくるので、理想のスタイルを探索するときにおすすめのツールです。

5W1H（なぜ、いつ、どこで、誰と、何を、どんなスタイルで叶えたいのか）を紙やスマホに書き出すのもおすすめです。目標を明確にすることで、モチベーションアップにもなりますし、心持ちも明るくなりますよ。

太るクセ
39

ただ「〇kgヤセよう」と目標だけ立てている

目標を達成する「小目標」は何？

具体的な計画を立てず、「ただなんとなくヤセたい」「数字の根拠はないけど、マイナス〇kgが目標」という人は多いですよね。

私も、失敗続きのダイエットをくり返していたときは、どういう計画で、いつまでに体重を落として、体重が落ちたらどういうことがしたいのかなんて、考えていませんでした。だから、「1カ月で5kg落とす」みたいな無茶な計画を立てていたんですね。

ダイエットを始めるときに大事なのは、「モチベーションが維持できる、無理のないダイエット計画」です。仕事で大きなプロジェクトを進めるときには、まずは大きな目標を決めて、それを達成するための小さな目標を洗い出し、いつまでに何をして、その先はどういう未来が待つのかを考えますよね。

計画通りに進んでいないときには、一度立ち止まって何をどのように変えていけばよいのかを考えるはずです。**ダイエットも同じで、大目標に向かって、小ノルマをこなしたり、軌道修正することが成功のコツです。

たとえば1カ月に落としていい体重はいまの体重の5%。**それ以上落とすと、命の危機を感じた体が生命を維持しようとため込みモードになって、停滞期がきたり、体重が増加したりするだけでなく、女性機能が止まってしまうことも……。以上のようなことが起きたら、健康的にヤセることができていないサインです。

とくに**ホルモンはメンタルや体調に大きく関わるので、ダイエットでは味方につけたい**ところです。5%の範囲内で順調に体重が落ちたら、次の月はヤセた体重の5%で計算してくださいね。

左のページは、実際に私が産後ダイエットをしていたときに書いたものを、使いやすい1枚のシートにして再現したものです。目標や現在地を文字に書き出すことで、自分を客観的に見ることができます。また、変化も数値で把握できるので、小さな達成感も感じられモチベーションアップにつながりました。

無茶な計画を立てて失敗したり、リバウンドしないためにも、**2週間〜1カ月に1回は記入してみて、自分のダイエットの進捗と課題を洗い出してみましょう。**

目標の体重と体脂肪率を書いたら、「いつまでに」「どうなって」「どんなことをしたい」のか、具体的に考えて書き込んでいきます。**生理の周期や仕事や生活の忙しさ**も体型づくりに大きく関わってくるので、そのときのモチベーション予想や、予定も加味してスケジュールを立ててみてくださいね。

自分の太るクセをチェックして書き出したら、それを改善するためにどうすればいいのかを「今日から変えていきたいところ」に記入してください。

「次のごほうび」「ながらエクササイズタイム」「ストレス解消&モチベUP」は、頑張りすぎないためのもの。**ワクワクすること、気持ちが和むこと**をたくさん書いてくださいね。あなたらしい方法が見つかりますように。

目標シート 1ケ月ごとに書いて START 0/0/0〜0/0/0
毎日見直して、少しずつ生活も改善していって下さい。

目標

体重 45〜46 kg

体脂肪率 20 %

・いつまでに?
最終目標と、小さく1ケ月ごとの目標も決める。

・どうなりたい?
45〜46 kg 下半身のラインを変える!

・どんなことをしたい?
デニムやタイトスカートをきれいにはく。

私のビフォーアフターです。

	体重	体脂肪率	二の腕	ウエスト	お尻	太もも	ふくらはぎ
START	66 kg	32 %	28 cm	74 cm	102 cm	59 cm	34 cm
Now	46 kg	19 %	23 cm	58 cm	86 cm	46 cm	29 cm

現在の太るクセリスト

- ✓食べるのが早い
- ✓ごほうびが甘いもの
- ✓甘いものがやめられない
- ✓おかしパンコーナーに寄る
- ✓片づけが苦手
- ✓はみがき中、何もしない
- ✓ながら食べが多い
- ✓エスカレーターが多い
- ✓単品ものが多い
- ✓加工食品が多い
- ✓お腹いっぱいでもあれば食べる
- ✓パンやパスタが多い
- ✓歩く、階段を使うことが少ない

今日から変えていきたいところ

食事中、30回かむ
ながら食べをやめる。
おかし我慢したら美容貯金♡
おかし、パンコーナーによらない
おやつをナッツにする
カフェオレをハーブティーに変える
白米を玄米にしたり雑穀をまぜる
はみがき中ながらトレーニング!
少しずつ変えていけるところをリストアップしてみて下さい。

次のごほうび

1ケ月で1kg以上おちたら
欲しいボディオイルを買う!!

ながらエクササイズタイム 自分のながらタイムを探す

はみがき、テレビ・ドライヤー
息子を寝かす時間、スマホ

ストレス解消&モチベUP

カラオケ
バスタイム
本、映画

毎月雑誌を買う
チートデイをつくる
(食べてもOKな日)

太るクセ
40
ジムやエステに通ってるから大丈夫

運動は「食事記録と合わせる」と効果増！

「ジムやエステに通っているから大丈夫」。

私もそう思って気を抜いてしまうことが多かったですし、エステのお客様でも「自分じゃ頑張れないからプロに任せればいいや」という気持ちから日常でのセルフケアを怠ってしまう方も少なくありませんでした。

私には数々の太るクセがあったのですが、当時はそんなものがあると気づいていなかったので、根本的な原因を改善することなく「お金をかけてヨガにもジムにも頑張って通っているのに、なんで結果が出ないんだろう」と悩んでいました。美と健康のためにジムやエステに通うのは大賛成！　ですが、十分な結果を得られないのはもったいないので、通いながら**自分の食習慣や生活の改善も図って**いってほしいです。

同時進行すると、効果が増し、変化を感じるまでの期間も短くなります。

普段の食生活を見直すには、**食事記録ノートやレコーディングアプリ**を使うのがおすすめ。

食事記録アプリは年々使いやすくなっています！　体重はもちろん、摂取カロリーをグラフにしてくれるなど、一目で見やすいのでぜひ始めてみてください。

この本にもEATING RECORDシート（164ページ）を掲載していますので、ご自分に合った方法で記録して、日常生活でもできることをとり入れてくださいね。

太るクセ
41

「ヤセられない理由」ばかり思いつく

「ヤセられる理由」は、こんなにある!

ダイエットで立ち止まってしまったとき、**できない理由**がたくさん出てきてしまいがちです。できない理由が出てくること自体は悪いことではなく、**できない理由が出たら、それをふまえたうえでできることを探しましょう!**

次のように、自分のできない理由に対しての改善策を提案してみてください。

「疲れている」↓疲れていてもできることは何だろう？　最近疲れがたまっている理由は何だろう？　疲れを癒しながらボディケアできる入浴タイムを過ごしてみては？

「忘れちゃう」↓メモ紙を貼ったり、スマホの待ち受けにしたりするなど、忘れないようにする方法はないかな？

「面倒くさい」↓面倒くさくてもできる着圧ソックスを履くことからスタート。

「お金がない」↓お菓子を買うお金を別のことにあててみよう。お金をかけずに家でできることはない？　家計のムダと太るクセを見直すチャンス！

「お菓子をよくもらう」↓誰かとシェアできない？　喜んで食べてくれる人は周りにいないかな？

「子どもがいる」↓子どもと遊びながらできるエクササイズは？　子どもの健康を重視した食事を選ぶことは、私のためにもなるかも。

「できない」と思って投げだすのはもったいない！　小さなできることや対策を自分自身で模索してみてください。

太るクセ

42

完璧主義でひとつでもうまくいかないとイヤになる

「マイペースなダイエット」でも成功します

あなたは、ダイエット計画を立てて1日でもうまくいかない日があると、「もう無理」と投げ出してしまったことはありませんか？　私はよくありました（笑）。やるか、やらないかのどちらかで極端に頑張ったり、結果が出ないと全てがイヤになって暴食したり、無理して頑張ってはまたリバウンドしたり……。「あの人は努力しているのに私にはできない」と自己嫌悪に陥り、自分を責めてばかりいたと思います。

とくに暴食をしてしまうのは、キャパオーバーのサイン。いままで**〝無理をしていた〟という可能性大！** 食事制限や生活サイクルなど、自分に我慢を強要しすぎていたのかもしれません。

昔の私も、心の中にある「もっと食べたい！ もっと寝たい！ もっと遊びたい！」といった自然な欲求を責め立てて、我慢し続け、自分をいじめるようなダイエットをしていました。いま思えば、心にも体にも、無理をさせ続けていたと思います。

自分の揚げ足をとるのはやめて、**自分と仲よく、心地よく、続けられるダイエットをしてください。** それがダイエットを続けるコツでもあるし、何より自分の体とうまく付き合うコツでもあると感じています。

自分を責めることばかりが得意になり、その方法しか知らなかった私は、カウンセリングで少しずつ自分を受け入れる練習や、無理なく自分とも周りの人とも付き合っていくことに取り組み続けてきました。

いま、お伝えできることは、まず自分のダメな部分と思うことはそのまま横に置いて、「できていること」を自覚するようにしてみてください。

そのためにも、**モチベーションやコンディションは一定ではない**という前提も忘れず、その時々でできることを増やしていきます（136～137ページ）。

無理をして何かに取り組んでいる人は、一度それはお休みにして、「今の私が無理なくやれること」を提案できるようになりましょう。

そうすることで太るクセばかりの生活から、ヤセるクセの多い生活にシフトチェンジできると思います。

自分に厳しい声をかけてばかりの方は、自己嫌悪に陥ってもそのあとに**「じゃあ、いまできていることは何だろう？」**と小さな確認をしてあげてください。

そして徐々に自分を褒められるようになっていけると◎。

「頑張ったかどうか」という主観ではなく、〝できたこと〟を大切にしてみてくださいね。

ダイエットは「ゆっくり、長く」でうまくいく

SNSでは、「短期で○kgやせる!!」や「効果がすぐ出る!」という煽り文句がついたダイエット情報や広告を見かけます。実際に、短い期間で体重が落ちたら嬉しいし、そういった過激な情報に飛びついてしまうのは理解できます。

でも、何年もかけて築き上げてきた習慣や体そのものを変化させるのには、もう少し時間的余裕を見てあげたほうが現実的ではないでしょうか?

太るクセをやめるためには、**ダイエットの前提を見直す**必要もあります。

〝心や体を変化させるには、ある程度の時間が必要なもの〟

私も産後20kgヤセるのに1年3カ月かかっています。夏までに5kgやせる!とかではなく、ダイエット中に体重が上下することも加味して、1カ月で0・8kg〜1・5kgほどの範囲でゆるゆるとやせていきました。

落ち込みすぎないためにも、計画を立てるときは「これは現実的かな?」「自分に優しい目標かな?」と自問自答してみてください。

太るクセ
43
ストレス解消が食べること!!

「ストレス↓過食」の流れを絶つ法

私たちの体は強いストレスを感じると、満腹感を感じにくくなることをご存じですか？　脳はストレスを受けると、コルチゾールというホルモンの過剰分泌によって代謝が乱れ、食欲を抑えるホルモン・レプチンの分泌が低下します。するど満腹中枢を正常に刺激できなくなる、という仕組みです。

ストレスがたまっていつも以上に食べてしまった、という経験をもつ方もいらっしゃるのではないでしょうか。**暴食してしまうと自己嫌悪がさらにストレスとなり、悪循環に陥ってしまいます。**

または、脳がストレスを感じ交感神経が優位になっているとき、食べることで副交感神経を優位にしようと体が調整をしているのかもしれません。

以前の私は「ストレスを感じたら食べてしまう」というクセがついてしまって、お腹が減ってなくても何かを食べていました。

このことに気づいてからは、「ストレスがたまって何か食べたい」ときでも、ヘルシーなものを選ぶように変えました。

そして食事以外のストレス解消法もとり入れるようにすると、少しずつ「ストレス→過食」という流れが減っていきました。

いまの私は空腹感を感じたらすぐにごはんを食べるのではなく、**水分を摂るようにしています。**トマトジュースやめかぶ茶などうま味のある飲みものや、質を意識したプロテインを飲んで衝動的な暴食を抑えましょう。

もし何かを食べるときは、満足感を得るためにしっかり噛んでくださいね。

私のストレス解消法

Meditation

アロマでマインドフルネスな時間

ストレスや刺激、体の状態など様々な要因で変わり続ける自分の状態。

セルフケアの一つとして頼っているのが"香り"。嗅覚は脳に直接アプローチできるため、気分や自律神経へ作用しやすくオススメです。

ナチュラルな精油のアロマミストなどの香りで空間をいっぱいにし、呼吸を整えることでマインドフルネスな時間になります。

呼吸するだけでできるセルフケアなので、ぜひ取り入れてみてください。

Bath time

真っ暗なバスタイム

キャンドルをたいて、照明を暗くして過ごすバスタイム。
水の音や、ゆらゆらと揺れる炎を見ていると癒されます。

Walking

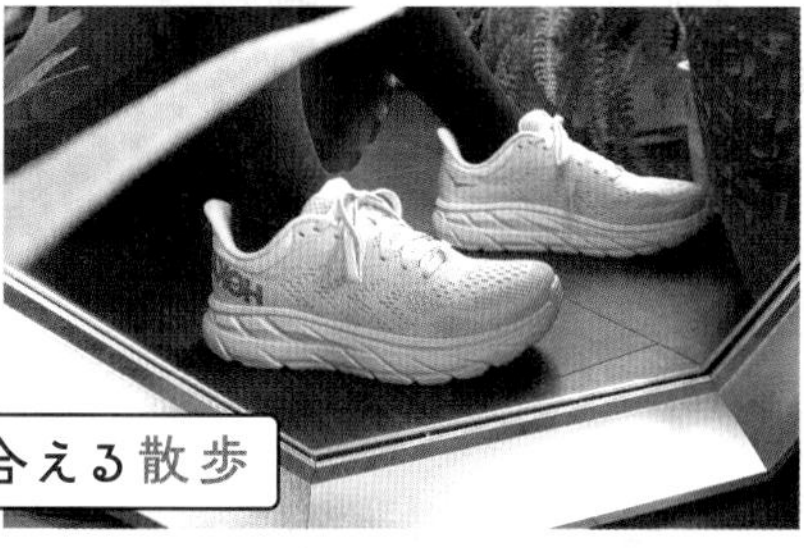

自然と触れ合える散歩

定期的に自然に触れ合う時間をとっています。元気なときは山の中や公園に行って景色を楽しんでいます。

近くでも緑の多い場所を探して、天気のいい日に散歩に行くこともあります。

太るクセ

44

ダイエットは「頑張る」ものと思っている

「頑張る」の落とし穴に要注意！

「ダイエットを頑張ろう！」と意気込むときほど、続かないことがありました。なぜなら「頑張る＝我慢や無理をすること」と思い、自分に負担ばかりかけていたからです。

そして取り組む項目が多いほど、頑張らなくてはいけないので、次第に面倒くさくなり、何もせずに一日が終わってしまう……なんてことも。

また、頑張らないとできないことは、生理前や体調が悪いとき、気持ちが落ち込んでいるときなどは続けられず挫折してしまいがちです。だからこそ**ダイエットは頑張らなくても続けられることを選ぶ**のが成功のカギなのです。「取り組める内容は、その日の自分の状態によって違う」ということを頭の片隅に置いておきましょう。

さらに、「頑張る」には落とし穴もあるってご存じでしたか？「頑張る」は主観なので、できている「つもり」になりやすい一方で、できているのに「まだまだ！」と厳しすぎる評価をしてしまいがちです。

私も、食習慣も生活も無茶苦茶なままエステやヨガに通ったり、ごくたまにひと駅前で降りて歩いて帰ったり、気持ちのうえではとても頑張っていたので、「頑張っているのにヤセない」と嘆いていました。努力しているつもりなのに、結果が出ないので諦めグセもついてしまいました。

客観的かつ自分に寄り添う視点をもつことが、ダイエット成功の秘訣です。

小さくても「できた」ことを確認して自分のやる気を育んでいくことが、継続のコツになりますよ。

太るクセ
45
ダイエットは「ひとりで行うもの」と思っている

「自分だけじゃない！」と思うと頑張れる

ダイエットは自分との孤独な闘い、というイメージが強いかと思います。

しかし、じつは仲間や近くに協力してくれる人がいるものです。ひとりじゃないと思うと心強いだけでなく、一緒に食事に気をつけたり、お互いにできることを確認したりとダイエットを続けやすくなります。

私の場合、一緒に本気でダイエットをする仲間はいませんでしたが、夫に協力してもらっていました。一緒に買い物に行くときはお菓子を多く買わないようにしたり、見えないところでおやつを食べてもらったこともあります（笑）。

ほかにも、インスタグラムで「#公開ダイエット」「#ダイエット仲間募集中」などのハッシュタグ検索から、全然知らない人のダイエットアカウントをフォローしていました。**身長と体重が自分に近かったり、環境や体型が似ていたりする人**には、会ったことがなくても仲間意識が生まれ、「この人も頑張っているから、自分も頑張ろう！」と奮い立たせてくれます。

　ダイエットに成功した方もたくさんいるので、ビフォーアフターを見て成功のイメージをつかむのにも一役買ってくれますよ。

ヤセた自分を妄想する

SNSを見ると「こんなふうになりたい」と気持ちが上がるので、ひとりでくじけそうになったときはインスタグラムを開いて妄想していました。

あとがき

この度は、本書を手に取っていただきありがとうございます。

この本は、ダイエットがうまくいかないと感じているときに、一度立ち止まって自分自身に意識を向けていく本です。

頑張っているのに結果がついてこないときは、新しいことを取り入れるのはお休みして、偏っている部分を改善するほうが大切だったりします。

そもそも、今の自分を作り上げてきたクセ（習慣）って何でしょうか？

太るクセは、自分のダメなところではなく、自分を変化させられる「可能性」だと思います。

毎日のクセは、あなた自身を作ってきたそのもの。

「太るクセ」を「ヤセるクセ」に変換していくことで、生活自体がヤセやすい過ごし方になり、それを積み重ねることで健康的に体が変わっていくはずです。

まずはひとつでも、心と体が喜ぶ「ヤセるクセ」をつけてもらえたら嬉しいです。

1日でわかるような変化は少ないものですが、「太るクセ」を「ヤセるクセ」に変換できたら、体も少しずつこたえてくれるはずです。

最後に、ダイエットに大きく関わる食事を見直せる「EATING RECORD」をのせました。いつもの習慣を見直したり、食事のクセを見つけたりするサポートに役立ててください。

これからも、「昨日よりキレイに」をテーマに、SNSやブログ、本、コラムを通して、みなさんがキレイになって、人生をほんの少しでも豊かにできるお手伝いをしていきたいと思っています。これが私の人生のテーマです。

誰かになる必要も、生まれ変わる必要もありません。
あなたのままで、変化し続けていけることを心から願って。

本島彩帆里

sample

EATING RECORD

Wake up 6：30
Go to bed 24：00

Weight	Body fat percentage	Drink	Walking	Fitness
kg	%	1.5ℓ	30分	10分

Toilet	Bath
大 1 回　小 9 回	シャワーのみ ・ 湯船 10 分

今では毎日出るようになりました。
バスソルトをプラス。

Time	Eat & Drink	Fitness & Beautycare
7:00	白湯、青汁	はみがきしながらヒップアップ
8:00	ゆで卵、具沢山みそ汁	保育園の送り中に首まわし
10:00	ハーブティー体調に合ったものを	
12:00	玄米おにぎり1つ サバ サラダ（塩、亜麻仁油で） 彩りを意識する。	デスクワークの合間に 肩甲骨のストレッチ コリかたまらないように マメに背中を動かす。
14:00	ナッツひと握り コーヒー カフェでは アイスティー、コーヒー ハーブティーを	打ち合わせに行く 移動中 歩き30分ほど。 （移動ついでに多めに歩ける 工夫をするように）
18:00	ラタトゥユ チキンステーキ（ハーブ塩で） 十六穀米少し サラダ オムレツ シンプルな味つけが多くなった。	お迎え＆買いもの バスタイム 10分 息子を寝かしつけながら こっそり体幹トレーニング はみがき中ストレッチ

Today's good!
ながらトレーニングをちょこちょこできた!!

Today's bad!
マッサージが出来なかったので明日はとり入れたいと思う…
全部がんばらなくてもOK

間食	理由
ナッツ	栄養を足す

ニボシ、ロースイーツ
ナッツ、プチトマトがオススメ

EATING RECORD

Wake up :
Go to bed :

Weight ____ kg
Body fat percentage ____ %

____ ℓ
____ 分
____ 分

Toilet
大 回 小 回

Bath
シャワーのみ・湯船 ____ 分

Time	Eat & Drink	Fitness & Beautycare

Today's good!

Today's bad!

間食 理由

目標シート

START ／ ／ ～ ／ ／

目標

体重 ____ kg

体脂肪率 ____ %

・いつまでに？

・どうなりたい？

・どんなことをしたい？

			二の腕	ウエスト	お尻	太もも	ふくらはぎ
START	____kg	____%	____cm	____cm	____cm	____cm	____cm
Now	____kg	____%	____cm	____cm	____cm	____cm	____cm

現在の太るクセリスト

今日から変えていきたいところ

次のごほうび

ながらエクササイズタイム

ストレス解消＆モチベUP

本書は、主婦の友インフォスから刊行された『あなたらしくヤセる　太るクセをやめてみた』を、
文庫収録にあたり加筆・改筆・再編集のうえ、改題したものです。

本島彩帆里（もとじま・さおり）

ダイエット美容家。元セラピスト。

思春期から幾度となく失敗を繰り返す万年ダイエッターだったが、産後20kgヤセることに成功。

ダイエットや美容を通して「自分を置き去りにしない、心や身体との付き合い方」を育み、そのセルフケア方法を発信している。無理をしない自分との付き合い方やダイエットの取り組み方が反響を呼び、SNSフォロワー数は23万人を超え、著書は累計42万部を超える。

著書に『もんでヤセない身体はない 燃焼系「美圧」マッサージ』（KADOKAWA）、『生きてるだけでやせる図鑑』（西東社）、『「生き方のセンス」の磨き方』全2巻（ワニブックス）などがある。

Instagram、Twitter アカウント
@saoooori89

知的生きかた文庫

太《ふと》るクセをやめる本《ほん》

著　者　本島彩帆里《もとじまさおり》
発行者　押鐘太陽
発行所　株式会社三笠書房
〒一〇二-〇〇七二 東京都千代田区飯田橋三-三-一
電話〇三-五二二六-五七三四〈営業部〉
　　〇三-五二二六-五七三一〈編集部〉
https://www.mikasashobo.co.jp
印刷　誠宏印刷
製本　若林製本工場

ISBN978-4-8379-8913-4 C0130

知的生きかた文庫

やりすぎないからキレイになれる捨てる美容

小田切ヒロ

＊肌もメイクも、生き方も軽やかになる本！

厚塗りメイクや心のくもり……「捨てる」ことはあなたの肌が本来持つ力を引き出し、最短でキレイに導きます。この一冊で、いらないものを削ぎ落そう！

美人に見える「空気」のつくり方

松本千登世

＊今日からひとつ実践するだけで、人生まで変わる美容本！

外見は生まれ持ったもの。でも「空気」は、自分次第でいくらでもつくりだせる。あなたが、丁寧に誠実に自分の面倒を見ていると、美人の「空気」が宿ります！

化粧いらずの美肌になれる3つのビューティケア

菅原由香子

＊お金も手間も時間もかからない！そのままでキレイな素肌の磨き方

「スキンケア」「腸内環境」「食品、化粧品、シャンプーの添加物」――この3つに気を配れば肌はたちまち美しくなる。人気皮膚科医が教える本物の美容法！

C30139